물, 형상 통변론1

토우 물상명리학회

소중한 책은 복사하지 않습니다.
복사는 책의 氣를 빠져나가게 합니다.

소무승의

物, 形象 通辯論 1

— 土遇 物象命理學會

책과나무

행운의 선물

행운은 어디에서 오는 걸까요
높고 깊은 산을 넘어 오는 걸까요
깊고 깊은 물을 건너오는 걸까요

아니면 그보다 더 은밀한 곳에서
꽃잎 사이 머물렀다 오는 걸까요
햇빛 속에 숨어 있다 오는 걸까요

행운은 이미 있지 않고
만들어 가는 것

천지 만물과 그대 사이
천지와의 화합
만물과의 소통

높고 낮은 인생 고갯길 고비 고비
순조로이 그 흐름에 편승할 때에
행운은 샘물처럼 솟아나리라

壬寅年 驚蟄(경칩)日에

곽필종 (시인)

동서고금을 막론하고 인류는 자신의 삶의 여정에 놓인 희로애락과 길흉화복을 미리 알고자 하는 욕망을 갖고 있었다. 이러한 욕망은 미래예측학이라는 학문의 모태가 되었고, 시상(時像)·괘상(卦像)·관상(觀相)·물상(物像)·신탁(神託) 등 다양한 방법으로 연구, 발전되어 왔다.

그중에서 태어난 시각과 별자리의 위치를 보고, 국가와 개인의 운명을 알고자 하는 시상학문(時像學文)이 서양에서는 점성학으로 발전해 왔다고 한다면, 동양에서는 명리학으로 발전해 왔다. 점성학이 10행성과 12별자리의 위치를 보듯, 명리학은 10천간(天干)과 12지지(地支)로 계절의 변화와 오행(五行)의 생극제화(生剋制化)를 기초로 발전해 온 것이다.

명리학의 초기 이론가 중 唐代 이허중(李虛中)이 년주를 중심으로 하고, 납음과 신살(神殺)을 활용해서 운명을 예측했다면, 五代(五胡十六國) ~ 宋代의 서자평(徐子平)은 일간 위주의 명리학을 최초로 정립하였으며, 干支의 생극제화의 방법으로 운명을 예측했다는 점에서 차이가 있다.

명리학을 공부하는 목적은 사주를 분석하여 그 결과에 일희일비(一喜一悲)하기보다는 전체적인 통찰을 통해 삶의 지혜를 얻어야 할 것으로 보인다.

명리학에 입문하게 되면 우선 격국(格局)을 보고, 생극제화(生剋制化)의 원리에 따라 억부용신을 찾는 공부를 하는 것이 순서이다. 거기에 곁들여 조후를 보게 된다.

그러나 격국론(格局論)만 가지고는 사주를 분석하고 길흉을 예측함에 있어 한계가 있음을 곧 알게 된다. 이러한 한계를 극복하고자 하는 이론이 곧 물(物), 형상론(形象論)이다.

『소무승의 物, 形象 命理學』은 명리학 기초를 마스터하고 난 후 마지막 단계로 공부하는 최상위 이론이라고 감히 말할 수 있다. 物, 形象論은 적천수(適天隨)의 형상론과는 다른 개념이다. 적천수의 形象은 天干과 地支가 相生을 이룰 때 象을 이룬다는 것이며, 소무승의 物, 形象論은 사주 전체를 하나의 계절에 따른 그림으로 보는 견해이다.

이번에 『소무승의 물, 형상 통변론』이 출간된다고 하니, 物, 形象 命理學의 이론을 뒷받침하는 실제 경험과 마주하게 된 셈이다.

명리학을 공부하는 도반 제위께 『소무승의 物, 形象 命理學』에 이은 『소무승의 물, 형상 통변론』을 적극 추천하며, 이 저서를 통하여 명리학의 완성에 한층 가까워질 것임을 의심치 않는다.

동시에 토우(土遇) 소무승(蘇楙塍) 선생의 앞날에 더욱 큰 발전과 행운이 있기를 기원하는 바이다.

壬寅年 初夏 諧松成功學 研究院에서

해송(諧松) **박종석**(朴鍾碩)

난해한 사주명식을 간추린 실전 수련장

다년간 물, 형상 명리학 강의를 하면서 도반들과 머리를 맞대고 교학상장
(敎學相長)하는 마음으로 나의 물, 형상 명리학 이론을 오롯이 전달하기 위
해 최선을 다하였음을 자부한다.

설사 이론을 충분히 습득하였다 하더라도 현장에서 부딪히는 천태만상의 사
주팔자를 접하고는 당황해하면서 사주가 안 보인다는 소리를 많이 듣는다.

필자와 같이 학이시습(學而時習)하고 있는 도반들은 오랜 기간 명리학에 심
취하여 나름 고수라고 불릴 만한 실력을 갖추고 있다. 물론 필자도 겪고 있
는 바이지만, 조금만 색다른 사주만 보아도 가벼운 긴장을 하게 되고, '어떻
게 풀어 나가야 시원한 풀이가 될까?' 하고 잠시 고민도 하게 된다.

우리가 초등학생이던 때에는 참고서로 'ㅇㅇ전과'와 'ㅇㅇ수련장'이 있었다.
이전에 출간되었던 『소무승의 물, 형상 명리학』이 전과였다면, 이번에 출간
되는 『소무승의 물, 형상 통변론』은 수련장이라 할 만하다.

그간 강의를 하면서 다소 난해한 사주명식을 간추려서 실전 공부에 응용할
수 있도록 도움을 주고 싶은 마음에 본 서(書)를 집필하게 되었음이다. 모쪼
록 역학 도반님들에게 조금이나마 도움이 되었으면 하는 바람은 첫 번째 출
간 때나 지금이나 다름이 없다.

2022 壬寅년 初夏 하늘이 맑은 날.

토우(土遇) 소무승(蘇梻塍)

次
例

5   추천사1 / 2

9   머리말

13   제一강   甲木

41   제二강   乙木

71   제三강   丙火

105   제四강   丁火

137   제五강   戊土

177   제六강   己土

213   제七강   庚金

247   제八강   辛金

275   제九강   壬水

307   제十강   癸水

327   제十一강   通辯要論

제일강

甲木

큰 산	거목	큰 산	거목	
戊	甲	戊	甲	坤)
辰	寅	辰	辰	

▶ 대운

70	60	50	40	30	20	10
辛	壬	癸	甲	乙	丙	丁
酉	戌	亥	子	丑	寅	卯

▶ **통변**

- 스포츠 마사지업을 한다.
- 운시 : 丁 – 예감·영감·촉이 발달.

    卯 – 육해살, 토끼라 예민하다. 살이 안 찐다. 부지런하다.
- 陽八通이다.
- 일간이 祿을 깔아 건강하다.
- 辰辰辰(3개)이면 경쟁력에 강하다. 자기만의 침울함이 있다.
- 일지에서 투출된 偏財가 일간에 첩신하면 매우 바쁘게 산다. 온통 돈 생각뿐이다.

- 木克土가 잘되니 식탐이 있다. 그러나 운시가 육해살이고 卯(토끼)라 살이 안 찐다.
- 일지 지장간에서 천간으로 3개가 투출했으니 3번 결혼할 수도 있다.
  → 실제로 2번 이혼하고 현재는 혼자 산다.
- 寅은 척추라 申운에 寅申沖으로 허리 디스크가 있다.
  → 항상 허리가 안 좋다고 한다.
- 甲木이 꽃을 피우고 열매 맺으려면 태양(丙)이 필요하다.
  火는 食傷이니 적선, 봉사, 보시를 많이 하라.
- 食傷은 자식이니 자식 낳고 좋아진다. 많이 낳을수록 좋다.
- 40대 초반 子대운에 역학 공부를 시작했다.
- 戌대운에 辰戌沖으로 나무 옮겨 심으니 財損(돈 손실).
- 부친은 戊辰이다. 財庫를 깔았다. 辰辰刑이다. 辰은 물 창고이며, 저수지다. 술 중독으로 논두렁 물에 빠져 일찍이 사망했다.
- 부친이 빙의되어 신내림을 받았다고 한다.
- 己亥年에 온 손님이다. 甲己合으로 작용 정지, 돈 손실이다. 寅亥合, 辰亥귀문(3개) 발동으로 하는 일이 잘 안되어 정신적으로 힘들다.
- 辰辰 : 당뇨, 피부병이다. 아직은 괜찮다고 한다.
- 卯 : 손가락, 장식, 꽃 도화이다. 辰土 속에만 있다. 천간에 乙木으로 드러나 있지 않으니 마사지업을 해도 실력가는 아니다.

큰 산	거목	바위, 열매	약초	
戊	甲	庚	乙	坤)
辰	辰	辰	未	

▶ 대운

68	58	48	38	28	18	8
丁	丙	乙	甲	癸	壬	辛
亥	戌	酉	申	未	午	巳

▶ 통변

- 결혼 전에 금융기관에 근무.

- 운시 : 辛 ~ 역학, 침, 낚시, 골프, 공상과학, 무협지 등.

 巳 (食神) ~ 자신의 건강이나 자식이 화두.

- 사내결혼 : 月干 庚金이 남편이 아니다. 年干 乙木과 合을 하여 乙木
 의 남편이다. 남편은 일지에서 투출된 時干 戊辰이다. 戊偏財는 나의
 활동무대이다. 고로 활동 무대인 직장에서 만나게 된다. 또한 戊남편은
 甲木이 偏官으로 직장이니 직장에서 나를 만난다. 남편을 일지(내 몸)에
 서 자식궁으로 투출시켰으니 남편을 자식처럼 잘 챙겨 준다.

- 부모가 신도시의 부동산 보상을 많이 받아 부모 유산을 받았다(상가건물, 땅, 아파트, 주택 등 많은 부동산을 소유하고 있다).
- 아들 하나, 딸 하나인데 아들은 외국 유학 중 교통사고로 사망했다.

  ← 乙未가 아들이다. (내 몸 辰 중에서 乙木이 투출했고 未 중 丁火 傷官이 있어서) 乙未 백호가 庚金과 합하여 있는데 합이 깨지는 辛運이거나 아니면 戌(乙의 묘지)운에 辰戌冲으로 사고당하지 않았을까 추론해 본다. 딸은 자식궁인 戊辰이다. 남편도 戊辰이니 딸은 父를 닮게 된다. 백호라 父女가 똑똑하다. 또한 戊土 입장에서 보면 辰은 재고다. 돈 창고를 3개나 가지고 있으니 큰 부자이다.

- 사회활동도 각계각층 다방면으로 활발하게 한다.

  → 辰은 다재다능, 다품목, 외국 인연, 식탐이다. 3개의 辰이 時干에 戊土를 투출했다. 偏財는 나의 큰 활동 무대이다. 고로 다방면으로 활동 무대가 넓으니 마당발이다.

- 甲木 키우는 命이다. 財多身弱(재다신약)으로 보면 안 된다. 甲木은 재다신약이 없다. 단지 甲木이 넓은 땅에서 자란다고 봐야 한다. 辰 중 乙木도 菜根食品(채근식품)이다. 땅속의 돈이니 부동산이요, 辰(옥토) 속에 있으니 값나가는 좋은 부동산이다.

  또한 乙木은 약초라 값이 나간다. 여기서 庚金은 바위가 아니라, 乙木 약초에 달려 있는 열매다. 약초에 주렁주렁 달려 있는 열매로 본다. 이때는 丙火가 필요하다. 丙火가 없는 게 흠인데, 대운에서도 火대운(여름)을 맞이하지 못한다는 게 역시 흠이다. 未는 乾土라 垈地(대지)이니 未 중 乙木은 아파트나 주택이다.

밭	과수	난로(화로)	태양	
己	甲	丁	丙	乾)
巳	午	酉	申	

▶ 대운

65	55	45	35	25	15	5
甲	癸	壬	辛	庚	己	戊
辰	卯	寅	丑	子	亥	戌

▶ 통변

- 독실한 기독교 신자다(가정에만 충실한다).
- 회사에서 영업직으로 근무한다.
- 甲木은 가을밭에 쓰러진 과수목이다.
- 일지 午 중 丙, 丁, 己土가 투출(日干 대행)
  └ 고로 초년엔 丙 청년 시절엔 丁 말년엔 己

  　　　　申　　　　酉　　　　巳로 산다.

- 말년엔 己巳라 印을 깔아 점잖다. 甲正官과 合이라 명예와 체면을 중시
  하고, 고지식하다. 火土가 강하니 申, 酉에 매진. 申 중 壬水가 財 →

역마지 속에 財가 있으니 영업직이다.

- 처는 申 중 壬水라 멀리 떨어져 巳申刑合이라 각방 쓴다. 지지고 볶고
  화해하는 형상이다.
- 申酉는 신음살(呻吟殺).
- 申酉는 돈이다. → 西方이라 서쪽으로 창문 내면 돈 나간다.

 1974. 5. 3.

도끼	거목	도끼	거목	
庚	甲	庚	甲	乾)
午	午	午	寅	

▶ 대운

75	65	55	45	35	25	15	5
戊	丁	丙	乙	甲	癸	壬	辛
寅	丑	子	亥	戌	酉	申	未

▶ 통변

- 사무관이다. 부친도 큰 부자이다.

- 庚金으로 甲木을 쪼개서 불을 살리는 구조다. 일명 사회에 불 밝히는 命이다.
- 火를 体로 봐야 한다. 火에 從(종)하는 명식이다.
- 사주가 한쪽으로 편고되어 있으면 凶運에 반드시 탈이 난다. 편고된 사주는 전문가이다. 사회성이나 대인관계는 떨어진다.
- 壬辰年에 큰 병이 났다고 한다. 旺한 火를 끄러 오기 때문이다. 癸水는 旺한 火의 기운이 더 강하게 일어난다(큰불에 물 한 바가지 부으면 불길이 더욱 거세지는 형상이다). 그러나 壬水는 아무리 큰불이라도 잠재운다.
- 원국에 甲 癸가 있으면 어른스럽다.
- 午가 3개 있어도 刑殺 → 刑은 合운에 발동 寅午合이 되어 있는데 또 合운이 오면 발동.
- 死地 속에 돈, 여자와 合을 하니 겉으로 나타내지 않고 매우 좋아한다(속으로 호박씨 깐다). 또한 午 중 己土와 明暗合을 하니 여자와 돈에 대한 애착이 매우 강하다.
- 死地를 깔고 있으면 뻣뻣하고 잘난 척한다. ← 오래 살아 많이 알고, 죽을 때가 가까이 왔기 때문이다.

_____ 물. 형상 통변론

태양	거목	큰 산	약초	
丙	甲	戊	乙	乾)
寅	午	子	卯	

▶ 대운

62	52	42	32	22	12	2
辛	壬	癸	甲	乙	丙	丁
巳	午	未	申	酉	戌	亥

▶ 통변

- 은행가(Banker)이다.

- 재산이 300억이라고 한다.

- 子月에 甲木 키우는 命이다.

- 한겨울에 甲木이 태양빛을 받아 활짝 피어났으니 인물이 좋다.

- 子, 丑월엔 地支의 丁火(午, 未, 戌) 중 한 字만 있어도 좋다.

- 배우자 자리에 午火가 있어 배우자 덕이 있다.

- 午火 때문에 子水가 얼어 있지 않아 子卯刑이 안 되고,
  子(온수)水로 卯에 따뜻한 물을 주는 형상이다.

- 겨울 甲木에 丙火 있으면 장관급이요,

  여름 甲木에 丙火 있으면 군수급이다.

- 時支는 말년의 직업이다. → 寅(祿根)이 있어 나이 들어도 쉬지 않고 일한다. 祿이라 祿俸(녹봉) 받는다. 寅이라 호랑이 짓 한다. 산에서 호랑이를 만나면 놀라서 심장이 꺼지니 심장병을 조심하라.

- 時干에 태양이 떠 있으면 말년이 훤하다. 단, 丙火가 힘이 있어야 한다.

- 처는 일지 午 중 丙火 투출하여 時柱 丙寅이다. 丙火가 生地를 깔아 총명하고 인물이 수려하다. 일지 내 몸에서 자식자리로 투출시켰으니 내가 처를 자식처럼 챙긴다. 자식자리에 처가 있으니 처 닮은 자식이 있다.

- 일지에서 丙火 食神이 투출하였으니 남에게 베풀기 잘하고, 몸도 비만형이 아니다(일지는 내 마음자리라 食神이 나의 본심이다).

- 午는 홍염살이다. 丙火로 투출하였으니 여자에겐 매력적인 남자이다.

논밭	곡식	약초	낫 · 전지가위	
己	甲	乙	辛	乾)
巳	子	未	丑	
		天乙	天乙	

▶ 대운

78	68	58	48	38	28	18	8
丁	戊	己	庚	辛	壬	癸	甲
亥	子	丑	寅	卯	辰	巳	午

▶ 통변

- 운시(첫 대운) : 甲 – 장남이거나 아니면 장남 역할.

　　　　　　　　　午 – 년지 三合의 도화살이라 거울 보기 좋아한다.

- 일지(배우자궁)와 운시 午가 沖 : 부부 이별수 있다.

　그러나 본 명은 이혼하지 않는다. ← 일지(배우자궁)에 좋은 글자(子)가 있어

　이혼하지 않는다. 子가 삼복더위를 식혀 주니 이혼하지 않는다. 처덕 있다.

- 午未月에 태어나면 어떤 일주를 막론하고 地支에 辰, 申, 子, 丑 중 하

　나라도 있으면 의식주 걱정은 없다. 그중에 辰土가 제일 좋다. 辰土가

100점이라면 丑土는 30점이다.

- 본 명식은 나무(木) 키우는 命이다. 木이 돈이다. 천간의 甲乙木은 根(寅, 卯, 辰)이 올 때만 돈이다. 고로 辰, 卯 대운에 돈을 번다.
  寅대운에도 돈을 벌어야 맞는데, 未土 때문에 오히려 힘들다. 未土는 甲(寅)의 묘지로 甲(寅)木을 입묘시키기 때문이다.
  木을 키우는 사주는 반드시 丙火를 봐야 한다. 여기서는 丙火는 없지만, 계절이 未月(丙火의 계절)이라 丙火가 있다고 본다.

- 未土는 甲木의 묘지인데 丑未沖으로 개고되어 있어 인연 없는 형제가 있다.

- 甲木은 가르치는 교육이다. 己土는 교육 계획 수립, 도서출판이고 丙火는 학구열이다. 고로 甲일간이거나 木을 키우는 사주는 교육자가 많다.

- 공망이 戌亥이면 사주에 관심이 많고 사주 보기를 좋아한다. 정신적인 일을 해야 한다. 약속 시간을 잘 지킨다. 흑백이 분명하고 한번 틀어지면 죽어도 안 보려고 한다.

- 正財格에 正財(己)와 합을 하게 되면 구두쇠이다.

- 甲木이 己土와 합을 하게 되면 공처가이다. 부인이 時柱 己巳이다. 甲木은 巳에 病地라 처에게 잘해 준다. 자식도 己巳라 반드시 처 닮은 자식이 있게 된다.

- 2003년 이전에는 학원이 잘되어 수강생이 1,500명이 되었고 선생님도 70명이었다. 초대박이었다.

- 辛卯대운 丁亥年(2007)에 캐나다에서 펜션 사업을 하다 쫄딱 망했다. 미국의 모기지론 때문에 반토막 나고 빚만 졌다. 신약사주에 亥子丑 印星局이 오니 모든 유명철학관에서 잘나간다고 하여 올인했다. 그러나 태양(丙)이 없는 겨울에 농사를 지을 수 없다. 고로 쓸데없는 욕심을 부리게 되고, 폐농으로 망하게 된다.

- 처덕으로 산다. → 처는 잘나가는 컴퓨터 회사에 다닌다.

- 아들이 최연소 이사로 승진하여 잘나간다.

- 서울에 학원이 있는데 조카가 운영한다.

- 영어학원 운영을 하는데 전국에서 유명하다고 한다.

 1956. 11. 22.

꽃	거목	큰 바위	태양	
乙	甲	庚	丙	乾)
亥	子	子	申	

▶ 대운

54	44	34	24	14	4
丙	乙	甲	癸	壬	辛
午	巳	辰	卯	寅	丑

▶ 통변

- 본 명식은 공부 차원에서 다른 책에서 발췌해 온 내용이다.

- 水旺節의 甲일주가 地支에 水가 全局하여 浮木으로 水가 病(병)이나

藥神(약신)인 土가 없어 큰 병에 약이 없어 水의 재난이 따를 命이다.

子月의 甲木일주가 子日, 亥時에 태어나고 地支에 申子와 亥子로 地支에 水가 全局하여 물바다를 이루나 戊土 제방이 없으니 甲木일주가 浮木이 될 운명이므로 외항 선원이 되어 떠돌이 생활이었다.

辰대운에 태평양에서 배가 전복되어 표류 중 지나가던 선박에 구조되어 구사일생하였는데 그것은 行運의 辰이 申子辰 合水하니 甲木일주가 표류지상(漂流之象)으로 관 없는 시체의 命으로 물에 빠져 고기밥 신세이나 죽지 않고 구조되었는데, 그것은 子月의 甲子일주는 천사성(天赦星)으로 災禍(재화)에서 구해 주는 神이 있고 年上의 丙火가 밝게 비추어 어둠을 밝히니 조상의 음덕이다.

日, 月支의 子子가 伏吟殺(복음살)이 되어 물로 인해 크게 통곡할 일이 있을 命이기에 일생을 물 조심하면서 살아야 하며 용왕신에 祭(제)를 올리면 水鬼(수귀)의 재난을 피할 수 있을 것이다.

한곳에 뿌리를 내리지 못하고 이곳저곳 직업을 옮겨 다니는 것도 甲木일주가 地支에 뿌리를 내리지 못한 浮木이고, 물을 가두어 둘 戊土 제방이 없기 때문이다.

- 甲乙日木 亥子月에 토박금다(土薄金多), 갱봉수운(更逢水運)이면 木星이 표류하여 황천해(黃泉海)에 도달한다.

- 本人의 見解 : 꽁꽁 언 三冬之節의 한밤중에 조상이 어둠을 밝혀 주는 달(亥時의 丙화는 달로 본다)이 되고 부모는 별(겨울철이거나 밤에 태어나면 庚金은 별로 본다)이 되어 캄캄한 앞길을 밝혀 주고 있으니 조상의 음덕이 크다. 한겨울의 북극 바다에 달과 별이 찬란하게 떠 있는 형상이다.

그러나 子月의 水는 꽁꽁 언 물이라 水木凝結(수목응결)되어 간경화가 의심스럽다. 辰대운엔 水局되어 水多漂流되긴 하나 죽지는 않는다(계절상 완전한 범람으로 보지 않기 때문에).

巳대운부터 여름으로 가니 저 많은 물이 녹아 범람을 하므로 이때부터 水多漂流가 된다. 물 조심은 이제부터이다.

- 운시(첫 대운) 丑土가 正財(처)라 처가 화두이다.

 1990. 1. 9.

눈발	거목	난로	골목길	
癸	甲	丁	己	坤)
酉	戌	丑	巳	
		天乙		

▶ 대운

69	59	49	39	29	19	9
甲	癸	壬	辛	庚	己	戊
申	未	午	巳	辰	卯	寅

▶ 통변

- 2017년 결혼하여 2018년에 아들을 낳았다.

- 간호직 공무원을 공부하고 있다.
- 운시 : 寅 – 일처리가 깔끔하다.
- 丑月에 甲木 키우는 명식이다. 고로 木(봄), 火(여름) 대운에 발복한다.
- 甲木이 삼동지절(三冬之節)에 丁火 난로로 꽃을 피웠으니 고목에 꽃이
  핀 형상이라 미인이고, 희소성이 있어 값이 나간다.
- 본 명식의 核은 天干으로는 丁火요, 地支로는 戊土이다.
- 年支에 巳火 따뜻한 글자가 있어 어린 시절 따뜻하게 자랐다.
  → 외동딸이라 부모님의 따뜻한 보살핌으로 유복하게 자랐다고 한다.
- 年干 己土는 丁火의 氣를 심하게 설기하니 나쁜 글자다. 고로 명문 집
  안은 아닐 것이다.
- 본 명식의 核인 丁火가 月干(부모궁, 가정궁)에 있으니 부모덕이 있다.
  안방에 난로를 끼고 있는 형상이라 편안하다.
- 地支의 核인 戊土가 일지 배우자궁에 있으니 역시 남편 덕이 있다.
- 丑月生이 조후가 되어 있으면 丑이 금고라 알부자가 많다. 가장 좋은
  戊土가 있어 조후가 완벽하므로 丑은 辛金(보석, 유가증권, 고액권, 값이
  나가는 문서)의 창고가 된다.
- 丑은 치료의 별이다. 또한 약병인자(藥病因字 : 卯, 酉, 戌) 중 2字만 있
  어도 의료 방면으로 가고자 한다. 만약에 본인이 의사가 안 된다면 가까
  운 사촌 이내에 반드시 의사가 있을 수 있다(사촌오빠가 의사라고 한다).
- 간호사는 현침살(甲, 辛, 午, 申, 卯)이 중중하면 좋은데, 본 명식은 일간
  甲木밖에 없으니 간호학과를 나왔어도 간호사로 가려 하지 않는다. 하
  여 간호직 공무원으로 가려 함은 時干에 있는 癸水 때문이다. 癸水는
  印星으로 조직 생활자에겐 결재권을 의미한다.
- 남편은 일지 배우자궁에서 투출한 月干 丁火, 즉 丁丑이다. 백호라 총

명하고 한 성깔이 있다.

- 남편(丁丑)은 癸水偏官을 쓰고, 傷官(食神이 2개면 傷官 역할)을 쓰니 경찰인데, 癸水 물이라 해양경찰이라고 한다(경찰은 傷官과 偏官을 쓰는 사람이 많다). 일지 내 몸에서 부모자리로 투출시켰으니 남편을 윗사람 모시듯 한다.

- 일지에 偏財를 깔아 연애결혼을 했다.

- 아들을 낳았는데 역시 자식성이 丁火라 丁丑으로 본다. 남편이 丁丑이요, 아들도 丁丑이니 둘이는 닮게 되는데, 실제로 많이 닮았다고 한다.

- 일간 甲木은 丁火 난로가 따뜻하고 좋으니 남편과 자식에게 올인하게 된다. 본인은 오로지 남편과 자식 잘되는 것 외에는 관심이 없다고 한다.

- 丑土는 고집, 일복, 집착이라는 의미가 있고, 戌土는 부처, 도사, 기술, 기억 창고, 전생의 業, 높은 산의 기도터의 의미가 있다.

- 戌土가 있는 사람은 적선을 많이 해야 한다.
  戌 중 辛金(폐)이 丁火에 녹으니 폐렴을 조심해야 한다.

- 酉戌 害殺이 있어 눈치는 빠르다.

- 巳酉丑 金局이 있어 평소 스트레스를 잘 받는다.
  官局이라 남편이 크게 성공할 것이다.

눈보라·호수	거목	큰 산	갈초	
壬	甲	戊	乙	乾)
申	子	子	未	

天乙

▶ 대운

77	67	57	47	37	27	17	7
庚	辛	壬	癸	甲	乙	丙	丁
辰	巳	午	未	申	酉	戌	亥

▶ 통변

- 좋은 집안에서 태어났고 金대운에 결혼하고 사업에 실패하면서 힘들었는 데 火대운부터 풀리고 있단다. 아들한테 사업체를 물려주고 싶어 한다.

- 甲木 키우는 사주인데 뿌리가 잘렸거나 火局으로 불타 버리지 않으면 다 生木이다.

- 겨울이라 해도 子未토가 있으면 辰토로 변한다. 子未 귀문 작용이 없다.

- 子丑월에 午, 未, 戌 중 한 글자만 있어도 먹고사는데, 未土가 조상자 리에 있으니 어려서 유복한 가정에서 자란 거다.

- 子월에 戊土가 부모 환경자리에서 방풍·방습을 해 주어서 좋다.
- 그러나 壬水가 문제다. 장생지에 양인을 깔아서 엄청난 눈보라에 폭설이다.
- 이 사주는 나무 키우는 사주인데 火가 없다. 그래서 火대운 들어가면 발복한다.
- 인물은 좋다. 호수 옆에 수양버들이 있으니.
- 배우자 자리가 도화라서 배우자를 고를 때 일단 인물 위주로 본다. 예쁜 여자를 찾는다. 처가 예쁘단다.
- 원래 甲子일주가 子가 흉신이면 욕지에 도화라 바람둥이로 가고 吉작용 일땐 印星으로 가서 조용하게 공부를 열심히 한다.
- 己亥년에 아들한테 사업체를 물려주고 싶어 한다.
- 己亥년은 未 중 己土가 나왔다. 띠는 내 자신이다. 己土는 正財다. 戊土 偏財를 쓰다가 己土를 쓰니 환경의 변화를 겪는다. 또 甲己合을 하기 때문에 여자 문제가 있을 수도 있다. 내 띠에서 己土가 나왔기 때문에 내가 원인이 되고 발동이 걸려서 여자 문제를 일으킨다. 물려주는 게 낫다.
- 金대운에는 甲木이 상대적으로 약해졌고 水가 강해져 힘들었다. 나무 키우는 사주는 가을을 타면 힘들다.
- 만약 寅이나 卯의 뿌리가 있었으면 申酉 운에 굉장히 타격을 받았을 텐데 여기서는 子未(辰土, 옥토)를 만들어 주어 중요한 역할을 한 거다.
- 巳午未는 좋다. 寅卯辰도 괜찮다. 甲木의 뿌리가 오니까.
- 火가 필요한 사주다. 食傷이니까 남한테 베풀기도 잘해야 된다.
- 戊亥공망 : 사주 보러 잘 다니고 흑백이 분명하며 약속을 잘 지킨다. 한 번 틀어지면 천만금을 주어도 싫다. 뒤돌아보지 않는다. 역학 공부도 잘한다.

바위	오곡백과	태양	호수	
庚	甲	丙	壬	乾)
午	辰	午	寅	
巳				

▶ 대운

71	61	51	41	31	21	11	1
甲	癸	壬	辛	庚	己	戊	丁
寅	丑	子	亥	戌	酉	申	未

▶ 통변

- 금융 계통 직장에 다니다가 사료 총판 사업을 해서 성공했다.
- 나무 키우는 사주는 사업으로 많이 간다. 월급쟁이로 가면 금융·재정·보험 쪽으로 많이 간다.
- 甲木이 뿌리가 있으면 절대 庚金이 칠 수가 없다. 자극을 주는 거다. 아들이 아빠에게 분발하라고 자극을 준다.
- 時干의 官星은 무조건 아들로 본다. 왜냐하면 말년에 딸은 시집가 버리고 아들이 나를 챙기기 때문이다.

官星이 혼잡되어 있을 때는 다를 수 있지만 官星이 하나 있는데, 時干에 있으면 무조건 아들이다. 正, 偏에 상관없이.

그런데 時干에 偏官이면 아들의 간섭이 굉장히 심하다. 그러나 자식이 아버지에게 용돈도 주면서 잘 챙겨 준다.

- 여름에 辰土 하나면, 나무를 키우지 않더라도 먹고산다. 이 사주는 배우자 복이 있다.
- 년지 寅. 어린 시절 호랑이 노릇을 한 거다. 몸에 상처 흉터가 있다.
- 甲木이 丙火 보고 꽃을 피우고 壬水 강휘상영을 해 주니 인물이 괜찮다.
- 나무 키우는 구조가 완벽하게 되어 있다.
- 그런데 戊대운은 힘들다. 寅午戌 火局이 된다. 그래도 辰土가 있어서 완전히 불타지는 않는다.
- 여름에 태어났기 때문에 水운도 괜찮다. 水生木 하기 때문에 사업으로 간다. 나무는 잘 큰다. 태양이 있기 때문에 잘 크는 거다.
- 여섯 번째 대운은 丙壬冲 子午冲으로 보지 말고 환경의 큰 변화를 겪는다고 보라.
- 이 사람은 바람을 좀 피웠을 것 같다. 여자 좋아한단다. 이쪽 甲己合, 저쪽 甲己合, 지장간에 戊土 있고, 여자가 많다.
- 甲木이 丙火로 꽃피워서 木火通明이라 머리 좋고 말 잘하고 똑똑하다.
- 2000년 초반에 사업해서 지금 성공한 케이스란다.
- 처덕이 있는데도 불구하고 처에 대해 불만을 가지고 있다. 왜냐하면 운시가 正財다. 처가 화두가 걸려서 처에 대한 불만이 있는 것이다.
- 또 운시가 반안살이기 때문에 효심이 있고 책임감이 강하다.
- 寅卯 공망 : 옛것을 좋아한다.
- 양팔통사주 : 기가 세고 추진력이 강하다. 못 먹어도 쓰리고다.

- 사주 자체로는 기막힌 사주다. 나무랄 데가 없다. 이 정도 타고나면 앞으로도 괜찮다.
- 丑대운이 오면 寅午丑 탕화에 丑午귀문 쌍귀문이 걸리니 정신적인 문제가 있을 수 있다. 힘들기는 하다.
- 日時支 사이에 巳가 공협되어 있다. 甲木한테 食神이다. 생각지도 않은 월급 생활이지만 病地라서 오래는 못한다.
- 己亥년에 또 연애한다. 午 중에서 己土가 나와서 여자 문제가 생긴다. 그런데 子午冲을 하면 庚子년에는 들통난다.
- 지금은 여자를 별로 안 좋아하고 마누라와 떨어져 살다가 같이 있는 시간을 많이 가지려고 한단다.
- 己亥가 와서 甲己合을 해 버리니까 여자 문제가 생기는데, 亥水 겁살을 달고 와서 귀문 걸렸으니 한번은 문제를 일으킬 것 같다.
- 부모는 壬水가 어머니 寅 중 戊土가 아버지로 壬寅으로 동주(同柱)를 하고 있어 인연이 깊은데, 어머니 壬水는 水기 때문에 火局에서 살아나지만 戊土는 火국에 열토(熱土)로 바뀌어 저세상으로 갈 확률이 있다.
- 원호대상자란다.
- 寅午 火局이니까 폭탄 맞은 것 같다. 아버지가 군에 계셨는데 火니까 대개 총기나 화약 같은 계통, 아니면 전쟁터. 火局에 가셨다.

바위	거목	밭	태양	
庚	甲	己	丙	坤)
午	戌	亥	子	

▶ 대운

67	57	47	37	27	17	7
壬	癸	甲	乙	丙	丁	戊
辰	巳	午	未	申	酉	戌

▶ **통변**

- 의과대학을 그만두고 발레연출가 공부를 한다고 독일에 가 있다.
- 그럴 수밖에 없는 사주이다. 무조건 문화·예술·교육 쪽으로 간다. 어렸을 때 꿈도 문화·예술·교육이었다고 한다. 甲木이 丙火 보면 문화·예술·교육이라 했다. 그러니까 그쪽으로 갈 수밖에 없다.
- 丙火가 午火에다 根을 두었다. 丙火는 초년, 午火는 말년이다. 말년까지 나는 丙火를 써먹겠다는 것이다.
- 의대를 간 건 戌土 때문에 간 거다. 戌이 약병인자다. 거기 가면 木克土. 돈이 있을 줄 알고 간 것이다.

- 그래도 甲戌 자체는 돈이 있다. 같은 偏財라도 甲戌은 돈이 있다. 가을에 수확을 한 거니까. 남녀를 불문하고 偏財를 깔고 있으면 돈 욕심은 있다.
- 그리고 甲己슴을 하고 있다. 돈하고 연애하고 있다. 돈밖에 모른다.
- 亥 중 甲木이 살아 있다.
  → 天干에 丙火가 있을 때, 地支에 卯나 未가 있을 때.
- 亥水는 나한테는 偏印이기 때문에 偏印 속에서 장생을 해야 하는데 偏印은 文曲星이다. 甲木한테 亥水는 문곡성, 즉 예술성이다.
- 甲木이 뿌리는 없는데 亥 중 甲木에다 생지를 두고 살아 있기 때문에 계속 머릿속에 문곡성이 있다.
- 丙火는 亥子 위에 떠 있으면 힘을 잃고 더군다나 己土를 보면 힘을 못 쓰는데 甲木이 己土를 딱 잡아 놓고 있다. 그래서 丙火가 午火의 根이 있어서 丙火를 써먹는다. 木火通明으로 간다.
- 그래서 戌 약병인자라 의대를 갔지만 亥 중 甲木을 쓰고 싶어 하는 거다. 丙火 처음부터 午火 끝까지. 결국 사주 구조가 발레로 갈 수밖에 없다.
- 또 이 사주는 戌土로 亥水 물 막는 사주도 된다. 그래서 이 사주는 투잡일 확률이 높다. 甲木도 키우고 물도 막는 것이다.
- 戌土로 물 막는 사주가 되면 亥水가 돈이 된다. 亥子水局을 이루고 있으니 돈이 굉장히 많다.
- 甲木 키우기는 힘들다. 甲木이 己土 보면 논밭에 쓰러진 형상이다.
- 오히려 戌土로 亥子를 막는 쪽에서 돈을 더 번다. 그래서 결국은 갈 수밖에 없다.
- 이 사주는 다 좋은데 고집 피워서 부모 속을 썩이는 게 문제라고 한다.

申酉공망 때문에 그렇다.

- 申酉공망 : 고집불통. 자기 권위. 외로움을 잘 탄다. 본인도 모르게 공허함을 느끼고 이기적이다.

- 운시 : 戌 – 여자들은 평생 주머니에서 돈 떨어질 일이 없다.

 1993. 7. 22.

태양	거목	밭	단비	
丙	甲	己	癸	坤)
寅	辰	未	酉	

▶ 대운

65	55	45	35	25	15	5
丙	乙	甲	癸	壬	辛	庚
寅	丑	子	亥	戌	酉	申

▶ 통변

- 수강생의 조카 사주이며 현재 지방행정직 시험에 합격했는데 20살에 갑상선 암 수술을 받았다.

- 甲木이 丙火 보고 꽃을 피웠다. 천간의 목화통명. 굉장히 똑똑하고 인물 잘생겼다. 문화·예술·교육이다. 그런데 生木이라 사업도 된다.
- 돈이 굉장히 많다. 未土자리는 부모자리이다. 부모로부터 집 한 채 물려받았다. 현재 27세이니 아직은 아니지만 나중에라도 未土라 물려받는다.
- 未土 辰土는 채근식품이다.

  未 중 乙木, 辰 중 乙木 寅木. 전부가 돈이다.
- 時支에 祿이나 旺地가 있으면 나이가 들어도 반드시 일을 한다.
- 말년에 寅 호랑이 짓도 한다. 크게 잘된다.
- 時干에 丙火 : 말년이 훤하다. 그러나 丙火가 반드시 힘이 있어야 된다. 生地를 깔았으니 힘이 있고 잘나간다. 나이 들어도 곱게 늙는다.
- 여자 未월생 : 아무리 더워도 찬물 샤워를 못한다.
- 인진상노(寅辰相怒) : 천재.

  원국에 인진상노가 있는데 운에서 寅이나 辰이 오면 인진상노에 크게 발동이 걸려 청각장애가 온다. 가는 귀 먹는다. 나이 들어서는 치매를 조심하라.
- 辰土 : 다재다능. 식탐. 외국 인연. 외국계 회사. 외국 남자.
- 이 사주는 生木이니까 사업을 해야 되는데 己土하고 合을 하면 사업을 못한다. 己土는 正財니까 월급쟁이로 만족하겠다는 거다.
- 사주 자체는 돈 그릇이 크고 사업해야 맞고 아니면 목화통명으로 가서 문화·예술·교육 쪽으로 가는 게 맞는데, 正財하고 合을 해서 未土 묘지 속으로 쏙 들어가 버렸다. 이렇게 되면 돈에 꼼짝 못하고 굉장히 인색하다. 돈의 노예가 되어 버린 사주다.
- 甲己合土들이 독신주의자들이 많다. 그리고 근육과 살이 합해서 살로

변해 버렸기 때문에 비만이 많다.

- 己土가 큰 그릇을 망쳤다. 己土는 아버지다. 合을 했으니 아버지와 사이는 좋지만 내 인생을 망친 거다.

- 日支는 내 몸인데 酉대운에 辰酉합으로 들어오면 대개 내 몸에 칼을 댄다. 辰은 살이다. 酉金 메스가 와서 살을 째는 거라 수술수가 많다. 그래서 辰酉합이 잘못되면 사망할 수도 있다. 辰酉합은 시체의 모습이기도 하기 때문이다.

제二강

乙木

꽃　　　꽃　　　꽃　　　꽃

乙　　　乙　　　乙　　　乙　　坤)

酉　　　丑　　　酉　　　丑

▶ 대운

55	45	35	25	15	5

辛　庚　己　戊　丁　丙

卯　寅　丑　子　亥　戌

▶ 통변

- 이혼하고 유부남과 연애 중.
- 분양업자로 돈 잘 벌고 있다. 혼자서 한다.
- 天元一氣格, 木金 兩氣格, 体用法, 從殺格
- 金을 쓸 수밖에 없으니 직장 생활.
- 가을의 乙木(꽃)은 丙, 丁火가 없으면 벌·나비는 오지 않고 진드기만 붙으니 못된 사내들만 꼬인다.
- 일지 丑 중 辛金 暗金殺(암금살)이 있어 남편으로 인한 심리적 불안감을 안고 산다.

- 体用法으로 보면

  体가 木이면 쓸 수 있는 오행은 金(官)뿐이고,

  体가 金이면 쓸 수 있는 오행은 木(財)뿐이다.

  고로 財官만 있으니 삶의 목표는 뚜렷하다.

  오로지 돈과 체통, 체면에만 연연할 뿐이다.

- 日支 양쪽 合 → 두 번 결혼.

- 天元一氣 : 천간으로 木(甲, 乙)운에 돈 손실이 발생한다(천간의 군겁쟁
  재다). 天元一氣(木)을 건드리는 金(庚, 辛)운도 힘들다.

꽃	약초	연꽃	섬(연못 중앙에 솟아 있는 구릉)
乙	乙	乙	己 坤)
酉	卯	亥	亥

▶ **대운**

63	53	43	33	23	13	3
壬	辛	庚	己	戊	丁	丙
午	巳	辰	卯	寅	丑	子

▶ **통변**

- 지방 대도시에서 포차 비슷한 술장사를 하는데, 한 달에 2~3천만 원 정도 번다고 한다.
- 특히 丙申, 丁酉년에 많이 벌었다.
- 이혼하고 혼자 산다. 딸은 결혼, 아들과 같이 식당업을 한다.
- 己亥年(2019)에 건강검진 결과, 위암 진단을 받았다.
- 乙木 키우는 命이다.
- 亥 중 甲木도 돈이다. 卯나 未, 丙火가 있으면 亥 중 甲木은 장생이 되어 살아 있다. → 고로 밤에 술(亥)장사로 돈을 버는 구조다.

- 戊土는 피부이고 未土가 비장도 되지만 위(胃)로도 본다.
- 年干 己土가 위(胃)인데 4개의 木에 克(殺)을 당하고 있고, 2개의 亥水에 土流되고 있는 형상이다. 己土가 너무 약하기 때문에 己土는 깡으로 뭉쳐 있다. 그러나 언젠가는 당하게 되어 있다.
- 己土(胃)의 입장에선 殺이 4개요, 地支로는 亥亥刑이 걸려 있다.
- 己土가 너무 습하니 살찐 당뇨가 의심된다.
- 己土가 아주 약하다. 약한 五行(장부)은 잘 죽지 않는다. 약하기 때문에 단련되어 있다. 강한 五行(장부)가 旺者冲拔로 잘 죽는다. 己土가 설기당하는 金(庚, 辛)운이 더 위험하다. 본 명식에서 간암에 걸렸다면 죽는다.
- 원국에 木이 많아 선천성 신경성 질환이 있다. 신경성 위장병이요, 위산과다이다.
- 巳대운에 巳亥沖이 발동. 己亥년에 원국에 亥亥刑이 있는데 合이 되는 運에 刑殺이 발동된다. 寅月, 卯月, 未月이다.
- 암 유발인자 : 戊 – 土가 굳어서 암 덩어리
  　　　　　　　　丑 – 丑이 굳어 있으면 대장암
  　　　　　　　　亥 – 亥가 動하면 암세포 번식

  亥 중 甲木이 살아 있을 때 ← 甲木은 세포로 세포 번식.

  즉, 암세포가 퍼져 나가는 형상이다.

논밭	꽃	꽃	꽃	
己	乙	乙	乙	坤)
卯	丑	酉	巳	

▶ 대운

60	50	40	30	20	10
辛	庚	己	戊	丁	丙
卯	寅	丑	子	亥	戌

▶ 통변

- 庚寅대운부터 성감(性感)을 알아 한 번 하면 3시간을 해야 한다고 한다. 사주 어디에서 그런 현상이 나올까 하고 도반이 공부차 질문해 온 사주이다.

- 乙이 3개 → 화원이라 잘생겼다. 새가 3마리라 잘 돌아다닌다. 트리오, 3명이 함께 다닌다. 火運에 발복.

- 乙巳는 꽃봉오리라 피부가 깨끗하고 똑똑, 고란살.
  乙酉는 가을 바위틈에서 피는 꽃이라 의지가 대단하다. 일지에 칼을 깔아 아랫도리 수술수가 있다.

乙丑인 나는 偏財를 깔아 돈 욕심 많고 남편의 무덤 위에서 핀 꽃이라 남편의 건강에 문제 있고, 己土 偏財를 투출하여 바쁘게 산다(丑은 庚金 남편의 묘지이다).

- 木金으로만 구성, 봄에 씨를 뿌리고 가을에 거둔다. → 물질세계가 강.
- 巳酉丑 - 스트레스 局(남자 또는 직장으로 인해), 남자 局을 이루고 있고 내 자궁이 남자의 묘지다.
- 官局이라 남자가 많다. 남편 형제가 많다. 고로 남편에게 이복형제 있을 수도 있다. 또는 내 주변에 남자는 많은데 印星이 없으니 살아 줄 남자 는 없다.
- 庚대운 巳酉丑 중에서 庚金이 독발(獨發). 3개 合이라 남자 문제가 생 긴다.
- 丑時부터 卯시까지 한다. 여명에서 일지 丑은 냉방살이다. 자궁이 얼어 있는 형상이다. 자궁(축)이 얼었는데 寅대운(봄) 되면서 解冬(해동).
  巳時부터 丑時까지 밤낮을 가리지 않는다. 木이 旺하니 火로서 꽃을 피 우고 싶어 한다. 火食傷은 성 에너지요, 애교이다.
  丙火 찾아 밖으로 돌아다닌다(역마도 아닌 것이 역마처럼 돌아다닌다).
- 三合의 丑대운 말에 큰 변화(전각대운이다).
- 年月에 比劫 : 부친 인연 약.
- 내 남편은 丑 중 辛金으로 양에 안 찬 남편이고, 巳 중 庚金, 酉 중 庚 金과 暗明合하니 유부남과 은밀히 연애하는 형상이다.
- 寅대운에 乙巳와는 寅巳刑으로 조정할 일이 있으니 밀고 당기는 형상 이고, 乙酉와는 寅酉원진으로 미친 듯이 빠지고 변태성이 있다.
- 일지 丑은 己土(시모)의 묘지이니 시모와의 갈등이 있을 수 있고, 또한 丁火 자식의 묘지라 자식이 내 앞에서 힘을 못 쓰니 고분고분할 수밖에

없다. 자식의 한(恨)이 있을 수 있다.

- 陰木福德格(음목복덕격) : 乙巳, 乙酉, 乙丑日이 地支에 巳酉丑金局을 모두 갖추고 있는 사주. 地支에 殺局이 旺하므로 인수운을 좋아하고 未月生과 酉月生 됨을 싫어한다.

  未는 乙木의 묘, 고지요, 酉는 乙木의 絶地이며, 특히 酉月의 辛金 투간되면 흉하다. 刑沖破害됨을 忌(기)한다. 火運은 金局을 극하는 운이니 大忌(대기)한다.

달	약초·꽃	거목	오곡백과	
丁	乙	甲	甲	乾)
丑	未	戌	辰	

▶ 대운

58	48	38	28	18	8
庚	己	戊	丁	丙	乙
辰	卯	寅	丑	子	亥

▶ 통변

- 父는 군인, 母는 교장. 본인은 검사 12년, 국회의원 2선.

- 유명역학인이 四庫格, 大富大貴, 帝王(제왕)之命이라고 간명하였다고
  한다.

- 月支는 나의 근본 직업궁이다. 丁火 투출하여 格은 바로 서 있다.

- 月支에서 투출한 五行이 좋은 글자이면 사주는 좋게 본다.
  月支에서 丁火 투출하여 → 時干이라 말년이 좋다고 볼 수도 있다.

- 丑은 金운동, 未는 木운동, 戌은 火운동, 辰은 水운동.
  초년에 辰(水庫) : 印星의 庫라 공부를 열심히 한다. 天干의 劫財는 경

쟁자라 경쟁에 이기기 위하여 매우 치열하게 공부한다(天干의 比劫은 경쟁력).

- 未는 甲경쟁자의 묘지 : 경쟁자를 다 잡아넣는다.
  戌은 乙木의 묘지 : 沖으로 開庫(개고)되어 인연 없는 형제 있을 수도.
- 동서남북 창고라 욕심이 많다.
- 戌월의 乙木은 약초라 활인업이다(의사, 약사, 검사, 판사, 역술인 등).
  밤에 丁火로 꽃피웠다. 잘생겼다. 감수성이 강하다. 蘭香千里(난향천리)다.
- 甲木은 오곡백과다. 옥토에 뿌리내리고 있는데, 戌土가 沖으로 땅을 뒤엎고 있는 형국이다. 고로 甲戌 방해꾼이 있는 형상이다.
- 木이 돈이다. 乙木은 약초라 값이 나간다. 甲木도 돈인데 乙木만큼은 아니다.
- 年支 辰은 帶地로 羊刃 : 할머니 손에 자랐을 수도 있다.
- 土多 : 고집이 세다.
- 원국에 丁丑이 있으면 저혈압 있다. 丁火(피)가 丑(묘지)에 입고되기 때문이다.

태양	약초·꽃	눈보라	폭우	
丙	乙	癸	癸	乾)
子	亥	亥	巳	

▶ **대운**

74	64	54	44	34	24	14	4
乙	丙	丁	戊	己	庚	辛	壬
卯	辰	巳	午	未	申	酉	戌

▶ **통변**

- 검사 출신으로 국회의원 6선이다.

- 亥月에 乙木 키우는 사주다. 겨울에 태어난 乙木은 根이 없어도 천간에 丙, 丁火가 있으면 약초다.

- 丙火를 보아 꽃을 피웠으니 난향천리요 동백꽃이 향기를 품는 형상이라 값이 나가며, 잘생겼다.

- 天干에 木火通明이다.

- 地支는 밤 글자 → 밤공부, 조용히 공부한다.
  亥는 모인다 : 歸家(귀가), 回歸(회귀).

子는 민물 : 왔다 갔다 한다. 말년엔 다 떠나간다.

- 초겨울에 폭우를 맞고 공부하는 형상이라 매우 치열하게 공부했다.

- 水가 旺하고 土가 없으니 水耕栽培(수경재배)다.

- 水가 大勢(대세)다. 水는 法이고, 서울대(서울법대 졸업)

- 丙火가 核 → 年支에 根.

- 時支에 子 : 말년에 애정사 있다.

- 乙丙 : 꽃을 피우므로 인생을 즐겁게 산다. 낙천적 · 긍정적이다.

_____ 물, 형상 통변론

달	약초	거목	밭	
丁	乙	甲	己	乾)
丑	酉	戌	亥	

▶ 대운

67	57	47	37	27	17	7
丁	戊	己	庚	辛	壬	癸
卯	辰	巳	午	未	申	酉

▶ 통변

- 丙申년 甲午月에 처가 패혈증으로 사망.
  본인은 농촌진흥원 전주에서 근무하는데 승진하여 충주로 가고 싶단다.
  가능하겠는가?
- 운시 : 癸(욕심 많다).
  酉 : 스트레스(자식, 직장으로 인해서)
- 배우자도 酉 : 처 때문에 스트레스.
- 天干은 食神의 구조다.
- 戌亥 天門 : 머리 좋다.

- 戌 : 기억 창고. 전생의 業이 많으니, 적선하고 폐를 조심하라.
- 正, 偏財 혼잡.
- 戌月의 乙木은 약초다(값이 나간다).
  丁火 난로로 꽃피우니 편하게 산다.
  인물도 좋다(달맞이꽃 소곤소곤 사랑, 감성 풍부).
- 처가 甲戌이다. 劫財라 친구 같은 처. 酉戌로 方合. 方向은 酉에서
  戌로 가니 내가 처에게 다가가는 모습이다(결혼 전). 한 칸만 가니 처는
  지리적으로 가까운 곳에 산다.
  丙申年에 申酉戌 金局으로 戌土(甲木의 터전)가 변질되고, 金多木折
  이 되니 처 사망운이다. ← 五行이 완전히 변질되면 죽는다. 또한 戌土
  (처)가 喪門(상문)이다. 처가 내 묘지를 깔고 있으니 처 앞에서는 고분고
  분한다.
- 乙木일간은 너무 신약하니 직장에서 설쳐대지 않고 조용히 일한다.
- 印綬(亥)가 결재권인데 天干에 투출 안했으니 고위직은 아니다. 地支에
  있으니 실질적인 결재권이라 힘이 있는 보직이다.
  → 巳대운에 巳亥沖이라 승진 때문에 애먹을 수도.
- 時柱 丁丑이 두 번째 처. 財庫를 깔아 돈은 많다. 고집 세다. 눈물 많
  다. 희생, 봉사정신 강. 酉가 丑으로 가니 내가 다가간다. 지리적으로
  다소 떨어졌다.
- 丙申年에 乙木이 丙火로 꽃피우고 申金이 亥 印綬를 生하니 승진 수
  는 있다. 그러나 申亥 害殺이라 申띠나 상사가 방해를 놓을 수도 있다.
  눈치코치가 비상하게 발현되기도 한다.
  庚(官)이 申에 祿. 壬, 印綬가 申에 長生 → 승진.

태양	꽃	꽃	달	
丙	乙	乙	丁	乾)
子	巳	巳	酉	

▶ 대운

69	59	49	39	29	19	9
戊	己	庚	辛	壬	癸	甲
戌	亥	子	丑	寅	卯	辰

▶ 통변

- 40일 동안 물 한 모금 먹지 못했다. 주삿바늘이 안 들어갈 정도로 말랐다. 자살하려 했지만 옥상에 올라갈 힘이 없어서 못했다고 한다.
- 병원에서는 병명이 나오지 않았다. 戊戌年에 무속인에게서 굿을 하고서 나았다. 앞으로 한 번 더 그런다고 하니 걱정이 태산이다.

陽 1968. 9. 12.

태양	꽃	기암괴석	절벽산	
丙	乙	辛	戊	乾)
戌	酉	酉	申	
			乙	

▶ 대운

69	59	49	39	29	19	9
戊	丁	丙	乙	甲	癸	壬
辰	卯	寅	丑	子	亥	戌

▶ 통변

- 공기업 해외법인장(칠레 근무)이다.

- 己亥年(2019)에 승진하고 庚子年(2020)에 임용되었다.

  庚子년은 乙일간이 正官과 합을 하니 명예가 빛난다.

- 운시 : 壬戌(괴강) – 총명하다.

  壬 – 외국 유학.

  戌(正財) – 처가 화두다.

- 서리가 내리는 가을에 기암괴석 사이에 피어나는 한 송이 꽃이다. 매우

물. 형상 통변론

아름답고 희소가치가 있어 값이 나간다. 가을에 찬 서리를 맞으며 흙이 없는 기암괴석 사이에서 피어나니, 의지가 대단히 강하다.

- 克을 많이 받으면 머리가 비상하다. 七殺이 3개다.
- 가을의 乙木은 국화꽃이라 진드기가 붙으니 못된 친구가 붙는 형상인데, 단 丙, 丁火가 있으면 향기 나는 꽃이 되어 벌·나비가 날아오니 꿀을 생산할 수 있다.
- 乙木은 예술의 神이다. 丙火로 꽃을 피우니 天干의 木火通明이다. 인생을 긍정적·낙천적으로 산다. 춤과 노래 중 한 가지 끼는 있다.

  → 실제로 노래를 잘한다고 한다.

- 地支로 土가 오는 운은 흉운이다. 특히 辰대운이 大凶이다. 辰酉合으로 月支(格)를 묶어 버리고, 기암괴석에 흙이 쌓이면 그 가치를 잃어버리기 때문이다.
- 根(寅, 卯)이 오는 대운에도 凶인데, 이유인즉슨 根이 생기면 역시 기암괴석의 아름다움을 잃어버리기 때문이다. 본 명식에서는 寅이 오면 申金이 쳐내고, 卯가 오면 酉金이 쳐내니 괜찮다.
- 처는 일지 배우자궁에서 투출된 月干 辛酉이다. 3대 자존심이다. 부모 자리에 있으면서 본인과는 酉酉刑이라 부모처럼 무서운 처다. 가을의 서리라 추상(秋霜)이다. 서릿발처럼 매섭다. 만나면 酉酉刑이라 다투는 형상이다. 자녀도 辛酉라 처를 닮은 자녀가 있다.

  → 아들만 2명인데, 그중 한 명은 처를 닮았다고 한다.

- 酉는 스트레스 인자(因字)다. 처궁이라 처 때문에 스트레스를 많이 받는다.
- 다른 철학원에서 간명을 받았던 바, 根이 없고 극신약하여 단명 사주라 하여 고민을 많이 하였다고 한다.

그러나 본 명식은 장수 사주이다. 칼바위 틈에 있는 꽃을 꺾는 사람이 없기 때문이다. 단, 조후가(丙, 丁火) 되어 있을 때이다. 조후가 안 되어 있으면 단명 사주로 본다.

 1977. 11. 4.

태양·별	달맞이꽃	눈폭풍	달·난로	
丙	乙	壬	丁	坤)
子	巳	子	巳	
천을		천을		

▶ 대운

78	68	58	48	38	28	18	8
庚	己	戊	丁	丙	乙	甲	癸
申	未	午	巳	辰	卯	寅	丑

▶ 통변

- 현재 캐나다에 거주하고 있으며 남편은 인테리어를 하고 여자는 아무것도 안 하고 집에 있단다.

- 겨울에 조상자리에서 따뜻한 난로를 비추니 좋은 가문이다.

- 壬水. 눈폭풍이 쏟아지고 있다. 이렇게 되면 부모 대에 한 번 재산을 까먹은 거다.

- 그런데 壬水는 乙木한테 굉장히 안 좋은데 丁火가 딱 묶어 놔 버렸다. 그래서 나는 폭설을 안 맞고 丙火 보고 꽃을 피우고 있다.

- 그러나 새로운 壬水가 와서 丁火와 합을 해서 합이 풀리면 그때 폭설을 맞는다. 결국 10년에 한 번씩은 폭설을 맞게 되어 있다.

- 나무를 키우는 사주는 나무가 돈이라 했는데, 여기에서는 나 자신이 돈이다. 子월에 홍매화 홍난초가 활짝 피었다. 부르는 게 값이다. 돈이 많다.

- 여자는 日支가 자궁도 된다 했는데 자궁 옆에 똑같은 글자가 두 개 있으면 두 번 결혼할 사주다.

- 운은 잘 흘러가고 있다. 木은 항상 봄 · 여름을 타야 된다.

- 남편은 丙子다. 丙火 입장에서 乙木을 키운다. 乙木은 卯 손가락 장식이다.

- 여자가 남편 욕을 엄청 하고 다니고 연하란다. 도화를 깔았으니 연하 맞다. 남편이 마마보이란다.

- 남편이 나를 꽃피우게 하고 子巳 暗合이 되어 있고 巳는 따뜻한 글자라서 이혼은 안 한다. 배우자 궁에 좋은 글자가 있으면 싸우더라도 이혼은 하지 않는다.

- 결혼하기 전에 만났던 남자가 있었는데, 이 여자 때문에 죽었단다. 그렇다면 그 남자가 丁巳다. 심장이 꺼졌다. 목을 매달아서 자살했단다. 丁이라는 글자는 목을 매는 형상이다.

- 이 사주는 자식이 없으면 우울증에 걸리는 사주다. 자식 때문에 산다. 丙

火가 없다고 생각해 보면 물속에서 견딜 수가 없다. 丙火 때문에 산다.

- 子라는 글자는 애정사 · 비밀사다. 평생 남한테 말 못할 비밀 2개는 갖고 있다는 것이다. 실제로 비밀이 몇십 가지 있단다.

- 印星이 많다. 인성이 많은 여자와는 살면 안 된다. 남자의 정기(精氣)를 다 빼앗아 버리는 게 인성이다. 그래서 인성 많은 여자하고 살면 남자가 골골 가는 거다. 여자 사주에서 인성은 남자의 성기다. 이게 다 애정사고 비밀사다. 엄청 음란하다.

- 학교 다닐 때부터 삼각관계가 있었단다. 丑이 삼각관계이다. 연결 고리이기 때문에 관절로도 본다. 그래서 丑이 있는 사람들은 관절이 안 좋다. 여자들은 일지에 丑土를 깔고 있으면 허리가 안 좋다.

큰 산	약초	거목	큰 산	
戊	乙	甲	戊	坤)
寅	卯	寅	戌	

▶ 대운

71	61	51	41	31	21	11	1
丙	丁	戊	己	庚	辛	壬	癸
午	未	申	酉	戌	亥	子	丑

▶ 통변

- 이 사주는 일반적인 격국으로 보면 양기격이다. 양기격에는 두 가지가 있는데, 양기 상생격이 있고 양기 상극격이 있다. 여기는 양기 상극격이다. 이럴 때는 소통운이 제일 좋다. 그러면 木生火 火生土로 연결해 주는 火운이 소통운이 되어 제일 좋다고 본다.

- 이 사주는 물상에서도 火운에 발복하는 사주다.

- 또 다른 이론으로 보면 氣가 두 개밖에 없다. 내가 木이라고 가정하면 土밖에 쓸 수 없고, 木을 체로 보면 쓸 수 있는 것은 土밖에 없다. 財官만 있는 사주다. 財官만 있는 사주는 목표의식이 뚜렷하고 굉장히 현실

적인 사람이다. 실제로도 그렇단다.

- 그런데 직장 생활은 전혀 안 했었고 지금 호프집을 한단다.

- 남자 사주 같으면 굉장히 돈 많고 큰 사업가로 보이는데, 여자는 안 그럴 때가 많다.

- 호프집을 식구들이 다 모여서 하는데 이 사람은 주방 일만 한단다. 장사는 잘되고 돈이 많단다.

- 火가 있었다면 대발하였을 것이다. 만약 丙火가 있었다면 큰 사업을 하지, 호프집을 하겠나.

- 이런 사주는 병(病)이 오면 木이 강하기 때문에 신경성으로 온다. 신경성 위장병. 위산과다 등.

- 이렇게 木이 많을 때는 비겁과다로도 본다.

- 여자들은 食傷이 없으면 성 에너지가 약하다.

- 남편은 甲寅이다. 무뚝뚝하고, 꺾였으면 꺾였지 구부러지지 않는다. 火가 없으니 폼생폼사다. 卯 중에서 甲이 나가서 윗사람 노릇을 하고 있다.

- 호프집을 식구대로 하는데 남편은 아무것도 안 하다가 10년 전부터 빗자루질 좀 한단다.

- 장사하는 사람들한테는 官星이 손님이다. 体를 土로 보면 用이 木이다. 木이 官殺이다. 체를 戊寅으로 보면 木克土 木克土 손님이 굉장히 많다. 官殺이라는 것은 일복이다. 官殺이 많은 사람이 일복이 많다. 또 官殺이 많은 사람들이 다리를 절기도 한다.

바위	약초	절벽 위 난초	바위	
庚	乙	乙	庚	乾)
辰	卯	酉	子	
			天乙	

▶ 대운

75	65	55	45	35	25	15	5
癸	壬	辛	庚	己	戊	丁	丙
巳	辰	卯	寅	丑	子	亥	戌

▶ 통변

- 地支의 丁火가 午, 未, 戌이다. 그런데 지지에 한 글자도 없다. 집안이 냉골 집안이다.
- 나무 키우는 사주인데 火가 없다. 그래서 火운에 발복한다.
- 木이 돈이다. 옥토에 뿌리내리고 卯 根도 확실하고 돈은 많다. 그리고 乙木은 辰토 하나면 동네 부자는 된다고 했다.
- 乙木이 굉장히 신강하다. 신강한 사주에 년월에 귀문이 있으면 집중력이 매우 강하다.

- 日支 기준으로 年支가 도화면 도삽도화라 나이 많은 연상의 여자나 유부녀를 좋아한다. 日時에 도화가 있으면 편야도화라 해서 바람을 꼭 피운다고 했고, 月支에 있으면 장내도화라 해서 부부 금실이 좋다고 되어 있다. 이 사주에는 도화가 많아서 참고로 말씀드린다.

- 이 사람은 말년에 庚辰 괴강 官을 한 번 쓴다. 동창회장이나 로타리클럽 회장 같은 그런대로 괜찮은 명예官을 쓴다.

- 年支 기준 月支가 도화이거나 망신이면 엄마가 재취일 확률이 높다.

- 正官과 합을 해서 삐뚤어지지 않고 반듯한 사람이기는 하다. 그러나 그 속에 土가 있어서 바람을 피울 수 있다(卯辰으로 끌어와서).

- 年支에 戌土 묘지가 있다면 내가 태어나고 형제 하나 갔다고도 본다. 내가 형제 묘지를 가지고 왔기 때문이다.

- 나무 키우는 사주는 무조건 봄·여름이다. 이 사람도 火가 절대적으로 필요하다. 식상이니까 남한테 베풀어야 된다.

- 子丑공망 : 사람이 야무지고 절대 손해 보는 짓을 하지 않는다.

_____ 물, 형상 통변론

오솔길	넝쿨	거목	봄비	
己	乙	甲	癸	坤)
卯	巳	寅	卯	

▶ 대운

71	61	51	41	31	21	11	1
壬	辛	庚	己	戊	丁	丙	乙
戌	酉	申	未	午	巳	辰	卯

▶ 통변

- 24살에 결혼. 배다른 동생이 하나 있다. 남편이 병원 원무과에 근무.

- 년월이 공망 맞으면 부모와는 떨어져 살아야 된다. 요즘 같으면 유학 보내라 그런다.

- 水가 엄마다. 엄마 입장에서 보면 金生水도 못 받으면서 水生木을 하는데 물 줄 데가 너무 많다. 이런 경우에는 산액을 겪는다. 애 낳다가 죽을 수도 있다. 엄마가 중학교 때 돌아가셨단다.

- 나무 키우는 사주다. 나무가 많아 비겁과다도 된다. 돈 벌어도 돈 나갈 데가 많다.

- 寅월에는 水는 그렇게 필요하지 않다.

- 乙巳도 고란살, 甲寅도 고란살.

- 나무 키우는 데 태양이 없다. 癸水가 태양이 오는 걸 막고 있다. 丙火가 뜨면 癸水가 黑雲遮日(흑운차일)을 한다.

- 욕심이 굉장히 많은 사람이다. 이 많은 나무를 己土 조그마한 밭에 다 심으려 하니까. 己土가 힘들다. 己土는 육친으로 보면 아버지도 되지만 자식도 되고 시모도 된다.

- 아마 시어머니는 조용히 사셨을 것이다. 조용히 사셨단다. 왜냐하면 己土가 날뛰면 木들이 木多土虛(목다토허)를 시키니까 己土는 있는 듯 없는 듯 조용히 살아야 된다.

- 戊戌년에 시어머니가 돌아가셨단다. 己土가 힘을 받았다. 든든한 빽이 오고 戊土 根이 와서 己土가 설쳐 대니 木들이 己土를 쳐 버린 거다.

- 이 사주는 결혼을 빨리할 확률이 높다. 내 띠가 卯, 운시도 卯. 띠와 운시가 같으면 뭐든지 빨리 이루고 빨리 사그라든다.

- 年支 기준 月支가 도화나 망신이면 엄마가 재취인데, 요즘엔 부모님 중 한 분이 두 번 결혼했다고 하면 잘 맞는다.

- 남편은 癸卯다. 남편은 책을 손에서 떼면 안 된다. 남편 입장에서 여기 저기 물을 줘야 되는데 金生水를 못 받고 물을 주니까 금방 말라 버린다. 그래서 金 印星이 필요하다. 그러니 책을 손에서 떼면 안 되고 항상 공부를 한다. 책을 좋아한다. 남편이 군에 있을 때에도 직업상담사 등 자격증을 많이 땄단다.

- 이 사람은 木이 너무 많아 旺한 木을 설기시켜야 되므로 火 食傷이 필요하다. 나무를 키우는 데에도 火가 절대적으로 필요하다. 그래서 남 주기 좋아하고 베풀기 잘하고 희생·봉사를 많이 한다.

- 乙木의 천을귀인은 子申인데 내 귀인은 없다. 그런데 癸水의 천을귀인은 陰陽 귀인을 모두 갖고 있다. 이런 경우 여자는 공주병, 남자는 왕자병이다.

- 日支에 巳를 깔고 있는 일주가 乙巳, 丁巳, 己巳, 癸巳, 辛巳 5개 있다. 이 일주가 타 地支에 寅이나 申이 다른 곳에 있으면 의학 계통과 인연이 깊다.

  → 실제로 남편이 의대 출신, 아들도 의대 출신이란다.

- 이 사람은 모든 병이 신경성으로 온다. 항상 많은 쪽에 병이 온다. 己土가 木多土虛되니 위장병도 조심해야 한다. 水도 약하다. 그런데 金운을 타니까 괜찮은데 水가 약하면 여자는 신장, 방광, 자궁을 조심해야 된다.

	이슬	꽃		첩첩산중	
	癸	乙	戊	戊	乾)
	未	丑	午	申	
			天乙		

▶ 대운

74	64	54	44	34	24	14	4
丙	乙	甲	癸	壬	辛	庚	己
寅	丑	子	亥	戌	酉	申	未

▶ 통변

- 나무를 키우는 사주다.
- 未土 집도 있고 그런대로 산다.
- 午火는 홍염살이고 食神 문창성도 된다. 머리는 괜찮다. 홍염살은 천간으로 투출을 안 했으니 홍염기는 약하다.
- 乙木이 첩첩산중을 건너왔으니 고생 많았다.
- 午월이나 未월에는 조후가 필요하다. 申, 子, 辰, 丑이 필요한데 그중에 辰土가 제일 좋다.

- 申金이 조상자리, 초년에 있으니 어려서는 유복하게 자랐다.
- 子水는 있어도 子午冲 되면 못 써먹는다.
- 丑土는 배우자 자리에 있다. 배우자 덕이 있다. 그런데 丑未冲으로 깨졌다. 그래도 무더운 여름에 癸水가 시원한 물을 뿌려 주니까 丑未冲이라 해도 이혼하지 않는다.
- 水가 필요하니 亥子丑 대운에 잘나간다.
- 술고래다. 水가 필요한데 丑午가 있으니 낮부터 밤까지 술에 절어 산다.
- 乙木이 戊土를 보면 일복이 많다.
- 戊土가 두 개 있으면 첩첩산중이다. 그래서 생각지도 않은 손실을 입는다. 아마 戊戌년에 돈 손실이 났을 것이다.
  → 戊戌년에 주식으로 좀 날렸단다.
- 먹고사는 데 지장 없다. 재다신약 아니다. 처복으로 산다. 丑未冲으로 이혼 안 한다. 술고래다.

丙火

달	태양	태양	비	
丁	丙	丙	癸	乾)
酉	午	辰	卯	

▶ 대운

69	59	49	39	29	19	9
己	庚	辛	壬	癸	甲	乙
酉	戌	亥	子	丑	寅	卯

▶ 통변

- 자동차 부품회사(하청업체)에 다닌다.
- 처와 사이는 예전엔 좋았는데 지금은 별로 안 좋다.
- 사주원국에 癸와 卯가 있으면 효심이 있다.
- 卯辰 害殺이 있어 눈치는 빠르다.
- 辰 : 욕심, 식탐, 다재다능, 다품목, 외국 인연.
- 辰이 食神이라 말 잘하고 다재다능하다.
  丙火도 朱雀(주작)이라 말 잘한다.
- 男命이 丙火일간이거나 天干에 丙火가 있으면 여자에게 인기 있다.

女命은 태양을 집 안에 가둘 수 없어서 밖에 나가 활동한다.

대인관계는 좋지만 가정은 엉망이다.

- 처는 일지에서 투출된 丙辰이다. 친구 같은 처다.

丙火가 辰 食神을 깔아 열심히 일한다.

- 처궁인 午 중에서 丙, 丁火가 투출하여 2번 결혼할 수 있는 명이다.

그렇지 않다면 酉 중 辛金과 丙辛合되어 애인이 있다.

- 酉 중 辛金 애인은 丁火의 처이므로 유부녀다.

酉를 沖하는 卯운에 들통난다.

- 애인이 있다고 한다.

애인 丁酉는 生地를 깔아 인물이 좋고 총명하다. 丙은 酉에 死地라 애인 앞에서 사족을 못 쓴다. 죽을 맛이다. 그러나 酉는 天乙貴人이라 애인이 귀인이다(貴人을 꼭 쓰고 싶어 하니 마음은 애인에게 있다). 애인 丁은 午에 祿地라 남자에게서 월급 받듯이 용돈을 받아서 쓰는 형상이다.

- 날을 새워 가면서 도박을 좋아하는데 그 이유는 이렇다.

酉 보석 같은 돈이 貴人이니 항상 그쪽으로 마음이 쏠린다. 酉 財星 하나를 놓고 4명(火가 4개)이 눈이 뻘개 가지고 서로 먹으려고 노리는 형상이다.

丙火일간이 地支에 밤 글자가 없고 낮 글자가 많으면 밤에 잠을 못 이루는 형상이라 도박이나 마약을 즐길 수도 있다.

酉는 西方이라 서양 도박인 포커를 한단다. 酉時는 퇴근 시간이라 퇴근하고서 바로 도박장으로 간다. 卯時까지 한다고 보라. 휴일이면 午時까지도 할 수 있다.

큰 산	태양	구름	비	
戊	丙	辛	癸	坤)
子	子	酉	卯	

▶ 대운

73	63	53	43	33	23	13	3
己	戊	丁	丙	乙	甲	癸	壬
巳	辰	卯	寅	丑	子	亥	戌

▶ 통변

- 운시 戌 : 평생 주머니에 돈 떨어질 일은 없다. 아무리 어려워도 주머니에 쓸 돈은 있다.

- 운시가 壬戌 괴강이면 총명한데, 태어날 땐 가난한 집 태생이 많다. 성격이 급하다.

- 학창 시절엔 亥水가 偏官인데 官운을 타면 공부를 잘한다.

- 丙子를 일주로 보면 酉金이 天乙貴人이다. 丙子일주는 20%로만 보라.

- 일지 子 중에서 투출된 年干 癸卯를 일간대행으로 보라.
  癸水가 卯를 보면 문창성이다. 머리가 영리하다.

卯는 食神으로 자식이다. 자식을 끼고 산다.

- 酉월에 태어난 癸水는 가을비다. 子 根이 있어 가을장마다. 물이 넘쳐 나니 반드시 水路(수로)가 있어야 한다. 수로가 없으면 물이 넘쳐 쓰나미를 일으킨다. 卯가 水路로써 본 명식의 核이다. 고로 자식이 核이다.

- 辛酉는 偏印이다. 편인은 전문 공부요, 전문 자격증이다. 辛은 귀신 神 字에서 나와 역학이다. 고로 역학을 공부해서 卯로 써먹는다.

- 癸 일간으로 보면 卯는 天乙貴人이다. 자식이 귀인이요, 하는 일이 귀인이다. 고로 항상 활동해야 한다. 활동하지 않고 집에 있으면 병나는 사주다. 활동해야 귀인을 만난다.

  卯는 도화라 말을 예쁘게도 하지만 때론 卯가 쌀쌀한 새벽이라 쌀쌀맞게도 한다.

- 남편은 時柱 戊子다. 천간으로 戊癸合을 했기 때문이다. 無情之合이라 나이차가 있는데 子가 도화성이라 연하의 남편이다. 또 시주에 있어 늦결혼이다.

  → 일본인으로 1살 연하다. 동경에서 직장을 다닌다고 한다.

- 가을은 추운 계절이다. 고로 火 가 필요하다. 火가 없으면 주변 사람들에게 냉정하고 차가워 보인다.

- 水가 많으면 신장, 방광, 자궁에 문제 있다. 항상 조심하라.

  → 신장이 안 좋아 얼굴이 자주 붓는다고 한다.

- 卯가 잡히는 運에 힘들다. 세운에서 酉, 戌運이 올 때다.

- 水가 忌神이고 病이다. 고로 물장사는 안 맞다. 木이 좋다.

  火가 없으니 불 장사를 하면 좋다. 숯불갈비, 탕류 등등.

- 壬寅年(2022년)에 새로운 일을 시작하라.

- 丙火를 일간으로 보면, 특히 신약한 丙火가 가을·겨울에 태어나면 지

나치게 예법을 따진다.

 1962. 5. 16.

꽃	태양	태양	호수	
乙	丙	丙	壬	坤)
未	戌	午	寅	

▶ **대운**

64	54	44	34	24	14	4
己	庚	辛	壬	癸	甲	乙
亥	子	丑	寅	卯	辰	巳

▶ **통변**

- 젊어서 부친의 사랑을 많이 받았으며 걸스카우트 활동을 했다. 고시 공부도 했고, 20대 후반에 골프를 칠 정도로 잘나갔다(당시엔 골프 치는 사람이 귀했다). 32~3세 때 보험회사 지점장 역임. 부동산 중개업도 했다.
- 1996년(35세 丙子年) 이혼, 아들만 3명.
  2004년 甲申年(43세) 부친(건물 임대업) 作故(작고) 이후 모든 재산을 오빠가 가로채어 알거지로 쫓겨난 이후 고생 시작.

현재는 지역 활동 및 사회활동(봉사 포함)을 하고 있고, 재개발조합장 자리나 시의원에 도전하려고 한다(長 자리 좋아하는 듯).

빌라와 소형아파트 등 6채 소유, 지방 땅 2곳 소유. 이혼 후 자식만 보고 살아왔다 한다.

- 辛丑대운부터 대발했다 한다.
- 乙木 키우는 명이다. 未土는 아파트, 단독주택이다.
- 水運이 오면 水로써 불(火) 끄는 명으로 간다.

  이때는 火가 돈이다. 매우 바쁘게 살며 사업을 하게 된다.
- 맹렬한 火氣를 잡아 주는 습토운도 길하다.

  → 습토는 食傷이니 희생 · 봉사 · 적선을 많이 하면 좋다.
- 時干 乙木(正印)을 피우고자 하니 선출직에 나가고자 한다.

  時干에 印綬는 임대료, 선출직이다.
- 일간 丙火가 일지 戌 중 辛金(正財)와 明暗合을 하니 正財에 대한 애착이 강하다.
- 午未 공망 : 보는 눈이 매섭고 무슨 말을 하더라도 꼭꼭 집어서 한다. 상대방의 마음을 잘 읽고 추위를 잘 탄다. 성격은 급하나 바른말을 잘한다. 눈썰미가 있어서 진짜 · 가짜 여부를 명확히 알아본다.

암벽산	별	달	별	
戊	丙	丁	丙	坤)
戌	午	酉	申	
		天乙	文昌	

▶ 대운

69	59	49	39	29	19	9
庚	辛	壬	癸	甲	乙	丙
寅	卯	辰	巳	午	未	申

▶ **통변**

- 약초 밥상과 발효식품 전문가로, 부부가 산에서 산다. TV에도 출연하였다.

- 운시 : 丙 – 성격이 화끈하다. 크고 넓은 곳을 좋아한다.

  　　　 申 – 대장이 약하다. 절약 정신. 마무리를 잘한다.

- 가을 암벽산 위에 별과 달이 떠 있다.

  → 밤하늘이 맑다는 의미이고, 경치가 좋아 인물은 좋다.

- 官星이 없으니 남의 간섭받기를 싫어한다. 특히 丙火일간이 官星이 없

고 火가 난무하면 산만하여 주변 정리를 못한다.

→ 집안은 어지럽다고 한다.

- 丙申과 丁酉 형제는 문창성을 깔아 총명하고 偏財를 깔아 돈 욕심이 많고, 돈이 많다.

- 내 돈은 戌 중 辛金이다. 암벽산에 있다. 고로 산속에서 살면서 거기에서 돈을 번다.

- 酉는 菌(균)으로 발효식품을 의미한다. 발효식품 전문가이다. 집 주변에 발효식품 항아리가 꽉 차 있다고 한다. 酉가 天乙貴人이니 酉를 매우 좋아한다.

  또한 酉가 도화라 酉에 대한 프로의 기질이 강하다. 酉는 매운 닭도 되니 매운 닭발을 좋아할 수도. 酉(닭) 위에 丁(빨강색)이라 매운 고춧가루로 비빈 매운 닭발이 된다.

- 寅대운에 寅午戌 火局을 이루고 天干에 丙, 丁火가 떠 있으니 산불이 날 수도 있다.

논	태양	밭	비
己	丙	己	癸 坤)
亥	寅	未	丑

天乙　　文曲, 홍염

▶ 대운

63	53	43	33	23	13	3
丙	乙	甲	癸	壬	辛	庚
寅	丑	子	亥	戌	酉	申

▶ 통변

- 가정이 어려워 알바 3개를 하면서 대학에 다녔다고 한다.

- 현재는 아나운서다.

- 火土傷官格이라 총명하다.

- 月干에 傷官이 강하니 傷官見官 爲禍百端(위화백단)이라고 통변해서는 안 된다. 삼복더위에 己土는 강한 火氣를 잡아 주는 吉神 역할을 하기 때문이다. 고로 傷官의 吉작용이 그대로 나타난다. 다재다능하다.

　　時干에도 傷官이니 말년에도 傷官의 좋은 면이 강하게 나타난다. 傷官

은 生財하니 財慾(재욕)은 강하다.

- 丙寅 : 동쪽 하늘에 떠오르는 태양이라(生地) 총명하고 인물이 수려하다.
- 食傷過多 : 남의 자식을 키워 본다. 애완동물을 좋아하는데, 사주가 조열하면 애완견을 키운다. 자식 낳고 남편과 멀어질 수 있다. ← 官(남편)을 치기 때문이다.
- 己土가 燥熱(조열)하니 체구는 마른 편. 水대운을 타니 당뇨는 아니다 (만일 火대운을 만났다면 마른 당뇨에 걸리기 쉽다).
- 여름 丙火 습토가 많으면 정신이 깜박깜박하고 기억력 없다. 어리석고 우둔한 짓을 한다. 未月의 己土는 습토가 아니라 燥土(조토)다. 時干 己土는 亥水 위에 있어 습토다.
- 丙火는 주작. 己土 쌍나팔 2개. 食傷공망이니 아나운서 적성.
- 年月支의 丑未冲은 형제간의 재산 싸움.
- 己土는 조토라 癸水를 극한다.
- 寅亥合 : 무릎에 이상. 무릎에 검은 반점이 있을 수도 있다.
- 癸丑 남편은 백호라 한 성깔 있다. 己土로 백호 발동. 殺에 둘러싸여 있으니 머리는 비상하고 예민하며 근성이 매우 강하다. 욱하는 성격이다. 가위에 잘 눌리고 印星(종교)에 매달린다. 겁이 많다.
- 丙일간이 하는 언행(己)은 癸水남편에겐 백호발동(한여름 밤의 호랑이) 이며, 癸水를 극하니 癸水남편이 견디기 힘들다.
- 일간은 寅을 깔고 남편은 丑을 깔고 있으니 寅에서 丑까지 멀리 있어 남편을 멀리서 만났다. (미국) 丑은 미국(庚申)의 묘, 고지다.
- 남편의 묘지(未)가 丑未冲으로 開庫(개고)되어 남편이 惡死(악사)할 수도. ← 이럴 경우 남편의 사주가 좋으면 이혼한다.
- 財庫(丑土)가 개고되어 있고, 丑土가 核으로 조후를 하고 있다. 이럴 경

우엔 丑土가 금고 작용을 한다. 하여 알부자라고 할 수 있다.

午, 未月엔 辰土가 100점이라면, 丑土는 30점이다(조후용신).

- 己未 자식은 丑에서 투출하여 남편을 닮았다.

- 두 번째 남편은 亥 중 壬水인데 己土 자식이 있으니 자식 딸린 남자다 (亥역마라 외국 남자일 수도). 寅亥(부부합)으로 끌어와 결혼할 수 있다. 亥는 己土남편의 돈이다. 내가 寅亥合으로 끌어와 내 문서로(印星化) 만든다.

- 癸巳년에 이혼 소송 : 丑남편과 시모(丑 중 辛金)가 합세하여 丙火를 黑雲遮日(흑운차일).

- 財殺太旺은 시모가 남편을 교사하여 나를 학대하는 것이다.

논	태양	태양	밭	
己	丙	丙	己	坤)
亥	寅	寅	亥	
天乙	文曲	天乙		

▶ 대운

67	57	47	37	27	17	7
癸	壬	辛	庚	己	戊	丁
酉	申	未	午	巳	辰	卯

▶ 통변

- 25세에 연애결혼을 하였다.
- 남편은 명문대 졸업 후 직장 생활을 하였는데, 결혼 후 사업을 시작하여 조금씩 나빠지더니 결국엔 파산했다.
- 2014년(甲午年)에 빚을 얻어 조그만 레스토랑을 개업하였으나 장사가 안 되어 가게를 정리하려 해도 마음대로 되지 않아 자살하고 싶은 심정뿐이라고 한다.
- 운시 : 卯 - 부지런하다. 예민하여 살이 안 찐다.

- 丙寅과 己亥로만 되어 있어 兩氣成象格(양기성상격)이다.

  兩氣格은 淸(청)사주인데 본 명식은 五行이 흩어져 있어 氣가 순일하지 못해 淸사주로 보기엔 약간 부족한 느낌이다.

- 丙火일간이 生地를 깔고 있어 인물이 수려하고 총명하다.

- 反吟殺(반음살)이 2개다.

  → 똑같은 일을 두 번 당한다(결혼, 파산 등). 2天2地다.

- 寅月 木旺節에 나무 키우는 命이다. 天干에 丙火 태양이 떠 있어 좋다. 나무뿌리(寅)는 튼튼한데 天干에 甲乙木이 없으면 별 볼 일 없다. 大運에서 甲대운이 오면 횡재수(도로에 편입되어 보상을 받는다든지 등)가 있어 큰돈을 만지기도 한다.

  단, 木을 키울 수 있는 조건을 원국에 갖추고 있어야 한다. 본 명은 寅뿌리가 튼튼하고 丙火가 있어 갖추고 있으나, 대운에서 甲運이 없는 것이 흠이다. 세운에서 오는 甲運은 사건·사고일 뿐이다.

- 亥 중 甲木은 丙火가 떠있어 살아 있다. 바다역마, 밤의 물속에 돈이 있다. 고로 밤에 물장사도 좋다. 地支의 글자에 낮 글자가 없다.

- 丙丙 태양이 2개가 있으면 투쟁, 경쟁이 심하다. 대운이 여름(火대운)으로 가면 너무 밝아서 판단력이 흐려진다. 불면증, 신경성질환이 있을 수도.

- 남편은 年柱 己亥다.

  → 寅亥合으로 끌어와 결혼. 그러나 月柱 丙寅이 막고 있다.

- 丙火가 己土를 보면 대지에 태양빛만 비춰 주고 있는 형상이다. 습토에 丙火의 빛이 흡수된다. 고로 초년에 힘들었다. 그러나 月干 丙火를 더 설기하니 형제의 덕으로 조금 나은 편이다.

- 말년엔 時干의 己土에 설기당하니 힘들다.

- 丙火가 己土를 보면 달변이다.
- 甲午年엔 4地支 모두에서 甲木이 투출하였으니 甲木偏印星이 매우 강하다. 고로 자기의 고집대로 偏印문서 잡는다. 偏印運에 사기 잘 당한다.

  偏印문서 : 현금화(現金化)가 잘 안 되는 기복, 굴곡이 많은 문서.

  → 고로 처분할 때 잘 안 된다.

  偏印(甲)과 傷官(己)이 합되는 세운에는 기발한 아이디어가 창출된다.
- 格이 入庫되는 大運은 凶이다. 未대운에 格(寅)이 입고되어 凶이다. 남편궁(寅)도 입고되어 남편도 일이 막힌다.
- 배우자와 합으로 묶인 命은 합이 풀리면 이혼하기 쉽다. 寅亥합이 풀리는 己亥(2019年)년에 이혼할 수도 있다. ← 합은 합, 沖으로 푼다.
- 寅亥합이 있으면 무릎이 안 좋다.

호수	태양	달·촛불	촛대	
壬	丙	丁	辛	坤)
辰	申	酉	酉	
	文昌		天乙	

▶ 대운

58	48	38	28	18	8
癸	壬	辛	庚	己	戊
卯	寅	丑	子	亥	戌

▶ **통변**

— 아들 1명.

— 첫 대운이 괴강이라 성격이 급하다. 총명하며 가난한 집 태생. 食神이라 자식이 화두. 평생 책 보기를 좋아한다. 戌이라 평생 돈은 안 떨어진다. 時支沖(辰戌)이라 자식 인연이 약하니, 떨어져 살아라. 반안살이라 上老人(애어른) 소리를 듣고 자랐다.

— 丙壬 江輝相映(강휘상영)으로 미인이다.

— 수학 선생이다. → 子午卯酉가 수학이다(月支나 운시).

- 丙申일주 : 신약하면 돈으로 병신 짓 한다. 가족 중에 장애인이 있을 수도 있다.
- 丁 : 촛불, 화장발
  辛 : 촛대, 조명발 → 기도 사주
- 기세론으로 보아 辛酉를 일주로 본다.
- 用은 壬水다. → 傷官을 쓰니 가르치는 직업 → 상관이 천간에 투출했으니 잘 가르친다. 자식 낳고 좋아지는 命.
- 辛金이 壬水를 보면 자식 애착이 강하고, 정직하며 똑똑하다.
  辛金이 癸水를 보면 자식 애착이 덜하다.
- 남편은 丙申이다.
  → 壬水偏官을 보고, 偏財를 깔아 사업가. 壬辰괴강이라 사업체 규모가 크다. 문창성을 깔아 총명하다.
- 丁酉 남자를 만나면 예민해지고 刑으로 헤어진다.
- 金多火熄으로 丁火가 꺼진다. → 심혈관 질환을 조심하라.
  丙火는 金多火滯로 간다. → 뇌경색을 조심하라.
- 辛運이 오면 丙辛合되어 丁壬合이 되므로 진로에 문제가 발생하고 사기수를 조심해야 한다.
- 酉酉刑으로 몸에 흉터가 있다. 고집이 세고 타인과 불화.
- 乙未年 辰 중 乙木 투출 正印 문서 → 이동수
  그럼 제주도로 발령 나면 좋을까? → 壬水가 核이라 좋다. 바다(壬) 건너가니까.

큰 산	태양	암벽산	태양	
戊	丙	戊	丙	坤)
子	寅	戌	午	

丑

▶ 대운

68	58	48	38	28	18	8
辛	壬	癸	甲	乙	丙	丁
卯	辰	巳	午	未	申	酉

▶ 통변

- 현숙해 보이는 풍모에 얼굴도 예쁘장하다. 10억대 이상 다가구주택 소유자(월세 수백만 원)로, 점잖고 예의바르다. 초등학교와 知人학원에서 무보수 자원봉사하는 전업주부다.
- 격국으로 보면 火에 從하는 命이다(木, 火, 습토運이 吉).
- 물상으로 보면 가을 산에 불이 난 형국이다. 세상을 훤하게 불 밝히는 命이다. 고로 좋은 일을 하고 산다.
- 陽八通(女命 양팔통은 대체로 잘 산다고 보라).

- 戌 형제墓가 있으니 형제 중 인연 없는 형제 있을 수도 있다. 사주가 매우 강하니 惡死(악사)했을 가능성이 강하다.
- 火局에 火가 太旺하니 설기하는 습토가 가장 좋다. 고로 적선·봉사를 많이 하라.
  또 집에 있으면 病나는 사주다. 火旺 사주는 역마성이 매우 강하다.
- 日時에 丑土 傷官이 供挾(공협)
  → 생각지도 않은 傷官을 쓴다. → 吉星이다.
- 남편은 寅 中 時干에 戊土 투출에 子, 官星이 있으니 戊子다. 내 몸에서 時柱 자식궁으로 투출시켰으니 남편을 자식처럼 챙긴다.
- 戊子 남편은 子水가 旺한 火에 증발하는 형상이라 고분고분하게 산다 (공처가 수준이다).
- 子남편은 財官만 있으므로 매우 강한 사람으로 사업가이다. 財官에 從한다(월급 생활 조금 하다 지금은 사업한다고 함).
- 年干에 比劫이 있고 흉신이면 꼭 한 번은 크게 망한다. 흉신이 아니어도 망한다.

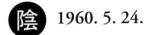 1960. 5. 24.

거목	태양	호수	구름	
甲	丙	壬	庚	乾)
午	子	午	子	

▶ 대운

77	67	57	47	37	27	17	7
庚	己	戊	丁	丙	乙	甲	癸
寅	丑	子	亥	戌	酉	申	未

▶ 통변

- 子午雙包(쌍포)라 沖이 안 된다.

  子午雙包 : 2子2午, 2子1午, 1子2午.

- 天干은 모두 陽이라 불굴의 의지가 강하다.

  천간의 경치가 아름다워 인물이 좋다(丙壬은 江輝相映).

- 天干은 역마지요, 地支는 도화로만 되어 있다.

- 甲木 偏印을 쓸 수밖에 없다.

  → 한의약 전문가로 특허를 많이 취득. 木이라 儒敎(유교) 공부를 많이

  했다.

- 食傷이 없어도 丙火가 朱雀(주작)이라 말을 잘한다. 안 배워도 많이 알고 자존심이 강하다. 거짓말을 싫어하고 차별 대우 받는 걸 매우 싫어하며 아부할 줄 모른다.
- 羊刃格이라 자수성가. 羊刃이 2개라 프로 정신이 매우 강하다.
  壬水 偏官이 있어 羊刃帶殺(양인대살)이라 성격은 온화하다.
- 水火로만 구성되어 정신적인 일(庚金은 구름으로 水를 만들어 낸다).
- 子는 맨 아래, 午는 맨 꼭대기 → 지옥에서 극락으로 2번.
- 寅대운에 寅午火로 맨 꼭대기 올라가니 세상에 이름을 크게 날린다. 불 끄는 사주로 가니 매우 바쁘게 산다. → 火가 돈이다.
- 年月은 水가 강하고, 日時는 火가 강하다(火가 財).
- 수화기제 사주로 木運이나 火運에 발복.
- 처는 배우자궁에서 투출된 壬水다. 月柱 壬午다. 양쪽에 羊刃을 깔아 매우 강하고, 역시 프로 정신이 강하다.
  命主와는 양인을 서로 주고받는 사이에다 강휘상영이라 부부 사이는 매우 좋다. 또한 미인이다. 한창 더운 午月에 壬水라 어딜 가나 인기 있다.
  庚金이 있으면 석간수(石間水)라 덕망가, 학자이다. 正財를 깔아 돈 관리에 철저하다.
- 자식은 時柱 甲午다.
  → 甲木이 丙火 태양을 보아 인물이 좋고, 똑똑하다. 木火通明이다.
  傷官도화를 깔고 있다.

이슬	태양	태양	달	
癸	丙	丙	丁	乾)
巳	午	午	巳	
		羊刃		

▶ 대운

64	54	44	34	24	14	4
己	庚	辛	壬	癸	甲	乙
亥	子	丑	寅	卯	辰	巳

▶ 통변

- 현황 : 우리나라 최고의 액션 스턴트맨이다. 기혼이며, 딸 하나 있다.

- 운시 : 乙 – 말을 잘하며 단거리 여행을 좋아한다.

　　　　　　가까운 거리 돌아다니기를 좋아한다.

　　　　　巳 – 성품이 착하고 성실하다.

- 격국으로 보면 火로 從한 명식이다. 月支가 比劫이면 從旺格(종왕격)이
다. 그러나 火를 극하는 癸水가 있어 가종왕격이다. 고로 火를 生하는
木, 火운과 旺한 火氣를 설하는 습토운이 좋다.

- 比劫過多 사주가 格이 上格이면 정치인이나 변호사가 많고, 中格이면 스포츠 선수가 많고, 下격이면 내 몸을 깎아 먹고 사니 막노동꾼이 많다. 본 명식은 旺한 火氣를 설하는 습토(己, 丑, 辰)가 있었다면 上格이 된다고 볼 수 있다.
- 午午가 있으면 스포츠 선수가 많다(女命엔 동성애자도 있다).
- 火가 대세를 이루니 火를 떠나서 살 수 없다. 하여 맹렬한 불속에 뛰어드는 역할이나, 불타는 차 속에서 생사를 넘나드는 역할을 많이 한다고 한다.
- 물, 형상으로 보면 癸水는 午月의 아침 이슬이라 금방 적수오건 된다. 고로 자식은 있는 듯 없는 듯 아주 조용하게 산다(실제 딸아이는 아주 얌전하다고 함). 子대운에 癸水가 힘을 받으니 활발하게 산다고 할 수 있다. 그러나 旺한 火와 子午冲으로 왕자충발을 일으키니 자식과는 떨어져 사는 게 좋다.
- 본 명식은 火를 중히 쓰기에 丁火를 劫財로 보면 안 된다. 고로 丁火가 合去되는 壬운에는 사기를 당할 확률이 높다.
  → 실제로 34세 壬대운에 사기를 당했다고 한다(용신기반).
- 처는 배우자궁에서 투출된 月柱 丙午다. 똑같은 比劫이라 친구 같은 처다. 火로 從했기 때문에 처덕이 있다.

암벽산	태양	바위	호수	
戊	丙	庚	壬	乾)
戌	戌	戌	寅	

▶ 대운

78	68	58	48	38	28	18	8
戊	丁	丙	乙	甲	癸	壬	辛
午	巳	辰	卯	寅	丑	子	亥

▶ 통변

- 고위공무원의 사주다. 처가 악처라서 언제 이혼하는지가 궁금하단다.

- 戌이라는 글자는 화로다. 화로가 3개. 불가마 3개에다 土를 굽는 사주다.

- 도자기 굽는 사주는 水운이 최고로 안 좋다. 도자기를 다 구워 놨는데 비 맞으면 다 깨져 버리기 때문이다. 그래서 물을 제일 싫어한다.

- 물이 자식이다. 자식이 올 수가 없다. 庚金이 金生水를 해 주지만 金生水가 안 된다.

- 庚金 자체도 녹아 있다. 庚金은 偏財, 아버지다. 아버지도 자기 몸 하나 건사하기 바쁜 사주다.

- 丙火와 壬水는 강휘상영이라 귀티가 난다. 貴가 官이다. 그러니 고위 공무원이다. 또 丙火 옆에 庚金이 고위공직자가 많다.
- 처는 壬寅이다. 壬水가 흉신이다. 도자기를 깨고 들어오기 때문에 악처다. 처는 문창성을 깔아 똑똑하기는 하다. 庚戌이 가로막고 있어서 각방을 쓰는 사주다.
- 戌 중 辛金들과 합을 하고 있으니 암암리에 바람을 피운다고 본다.
- 辛丑년에 여자 문제가 일어난다. 丑戌형이 되어서 辛金 투출해서 丙辛 합으로 세상에 다 드러나 다 들통나고 만다.
- 이혼은 丁酉년에 가능하다. 처가 壬寅이니 合去되니까. 그런데 丁酉년에 못했으면 이혼은 잘 안 될 것 같다.
- 배우자궁이 戌土인데 辛丁戊가 있는데 이런 글자들이 天干에 나오는 해에 꼭 부부 문제가 일어난다. 그래서 丁酉년에 丁壬合去 딱 이혼운인데 그때 못했으면 힘들다.
- 부부궁에서 투출신이 나올 때 부부 문제가 항상 일어난다.
- 도자기 사주들은 정신력이 굉장히 강하다. 치열하게 도를 닦는 사주라 도사들이 많이 나온다. 그래서 화토중탁(火土重濁)을 스님 사주라 한다.

암벽산	태양	이슬	선인장	
戊	丙	癸	乙	乾)
戌	戌	未	酉	
			천을	

▶ **대운**

73	63	53	43	33	23	13	3
乙	丙	丁	戊	己	庚	辛	壬
亥	子	丑	寅	卯	辰	巳	午

▶ **통변**

- 몇백 억 자산가다.
- 나무를 키우는 사주. 乙木이 돈이다.
- 癸水는 흑운차일 시키는 건 안 좋지만 여름의 癸水는 응급조치용으로 쓴다.
- 戊土는 丙火한테 회광(晦光)이다. 앞이 캄캄하다. 자식궁이니 자식 때문이다.
- 癸水 옆에 丙火. 인물이 괜찮다. 그렇지만 부부 싸움을 할 때는 항상

'너 때문에' 하고 싸운다. 의처증 · 의부증이 있을 수 있다.

그러나 이 사주에서는 癸水가 金生水도 못 받고 안개에 불과하기 때문에 흑운차일이 안 된다. 이럴 때에는 부부 싸움할 때 '너 때문에' 하고 싸우지도 않고, 의심병도 없다.

- 이 사주는 거의 화토중탁으로 볼 수 있다. 癸水는 비는 못 되고 그냥 이슬이다. 약초에 이슬이 조금 내렸다.

- 戌 중에 辛金들이 없으면 스님 사주인데 戌 중 辛金들이 있어서 종교인 사주가 안 된 거다. 辛金들과 다 슴을 하고 있어서 여자관계가 복잡하다.

- 운이 다 좋게 흘러갔다. 여름에 태어났으니 겨울에도 좋다.

- 그러나 丑대운이 힘들었다. 丑未충으로 未 중 乙木 다 깨지고 丑戌未 刑도 된다. 땅이 刑 걸리면 경찰서 불려 다닌다. 실제로 조사받고 그런 일이 있었단다.

- 사업하는 사람들은 丑戌未 三刑 걸리면 官에 불려 다닐 일이 많다.

- 戌土는 전생의 업이라 많이 베풀어야 된다. 잘 베푼단다.

- 戌戌 두 개 있는 사람들은 자유분방하게 살기를 좋아한다.

- 未월에 乙木은 사막에서 키우는 선인장이다. 그래서 생활력 · 적응력이 굉장히 강하다.

- 午未공망 : 보는 눈이 매섭고 진짜 가짜를 잘 가려낸다.

- 운시 午는 도화살 : 거울 보기를 좋아한다.

- 土가 많아 위장에 문제가 있다. 위염이다. 위장이 항상 열받아 있다. 그 다음에 癸水. 신장, 방광, 전립선. 子水가 온다고 癸水가 강해진다고 보면 안 된다. 根이 오면 土들이 치러 오기 때문에 더 안 좋아진다.

난로	태양	큰 산	약초	
丁	丙	戊	乙	坤)
酉	辰	子	未	

▶ 대운

75	65	55	45	35	25	15	5
丙	乙	甲	癸	壬	辛	庚	己
申	未	午	巳	辰	卯	寅	丑

▶ 통변

- 남편은 죽고 현재 혼자 살고 있으며 맨날 부처님만 찾는다. 지금도 부모 가 생활비를 다 준단다.

- 子월에는 天干에 戊土가 필요하고 地支에는 午, 未, 戌 중 하나만 있 어도 먹고산다. 未土가 조상자리에 있다. 이 午, 未, 戌은 地支의 丁火 다. 즉, 난로다. 어려서 난로를 끼고 살았으니, 유복한 집안에서 태어났 다. 戊土가 방풍·방습을 다 해 주고.

- 그런데 子 중 癸水가 未 중 丁火를 껐기 때문에 이런 경우에는 부모 대 에 한 번 망한다. → 실제로 그랬단다.

- 丙火 酉時生은 인물이 좋다(저녁노을). → 미스코리아 같단다.
- 운시가 부모궁을 깼다. 거기다가 月支가 도화라 부모가 두 번 결혼할 확률이 높다. 아버지가 이북에서 오셨는데 거기서 한 번 했을 수도 있다.
- 日支도 화개, 年支도 화개. 그러면 태어날 때 목에 탯줄을 감고 태어날 수도 있다.
- 여자 54세 戊子년에 남편이 죽었단다. 여자들은 甲대운이 오면 사회활동을 활발히 한다. 남편한테 문제가 있거나 남편이 실직을 했든지 문제가 있으니까 사회활동을 하는 것이다.
- 남편이 戊子다. 戊子년에 남편이 복음이 걸린다. 복음이란 땅을 치고 통곡할 일이 있는 것을 말한다.
- 여자들이 辰土를 깔고 있으면 머릿결이 윤기가 나고 늦게까지 생리를 한다.

밭	태양	거목	큰 산	
己	丙	甲	戊	坤)
亥	寅	子	午	

天乙

▶ 대운

77	67	57	47	37	27	17	7
丙	丁	戊	己	庚	辛	壬	癸
辰	巳	午	未	申	酉	戌	亥

▶ **통변**

- 이혼했다. 어려서는 공부를 너무 잘해 주변에서 바라는 게 많아 힘들었다.

- 두 번 결혼할 소지가 충분한 사주다.

- 어려서 유복한 집에서 따뜻하게 잘 컸다. 子월에 午火 난로. 그런데 子午沖이 걸려 있어 부모 대에 한 번 망해 먹었다.

- 子월에는 戊土가 첫 번째 용신인데 甲木이 木克土 해서 방풍·방습에 방해를 놓았다. 運도 겨울, 가을로 역행운을 타 버렸다.

- 엄마와 아버지 사이는 甲木에 戊土. 子午沖인데 티격태격하면서도 子

중 壬水와 午 중 丁火가 丁壬合을 해서 이혼은 안 하셨을 것 같은데 이혼을 하셨단다.

- 巳午未 대운은 잘나간다. 그런데 申대운은 큰 타격을 받는다. 寅申沖 하면 甲木 다 죽어 버린다. 申대운에 굉장히 힘들다. 지금이다. 자중하면서 살아야 된다.

- 己未대운에는 엄마에게 문제가 생길 확률이 높다. 甲己合에 子未귀문. 항상 天干의 合去가 문제다. 엄마의 건강을 잘 챙겨야 한다.

- 寅 중에서 甲木이 나갔다. 偏印이다. 만약 도식작용을 하면 자식이 불구자가 될 확률이 높으나, 좋은 작용을 하면 자식을 치지는 않는다. 여기서 甲木은 나쁘지 않다. 그러나 외골수 고집은 세다.

- 말도 잘한다. 丙火 주작에다가 己土를 食傷으로 쓴다.

- 운시 癸水 : 욕심이 많다.

- 戌亥 공망 : 사주 보는 것을 좋아하고 약속을 잘 지키며 한번 틀어지면 뒤도 돌아보지 않는다.

약초	태양	밭	바위	
乙	丙	己	庚	坤)
未	辰	卯	子	

▶ 대운

78	68	58	48	38	28	18	8
辛	壬	癸	甲	乙	丙	丁	戊
未	申	酉	戌	亥	子	丑	寅

▶ 통변

- 초등학교 교사다. 남편은 방송국에 다닌다. 아주 뛰어난 자식이 있다.

- 나무를 키우는 사주. 天干의 木火通明(목화통명). 문화·예술·교육
  이다.

- 乙木이 丙火를 보면 춤이나 노래 한 가지는 잘하고 인생을 낙천적이고
  긍정적으로 산다. 어딜 가나 사람들하고 잘 어울린다.

- 卯木 새싹을 키우니 초등학교 교사다. 寅木이었으면 중·고등학교 교
  사다.

- 乙未가 남편이다. 乙木이 丙火를 봤으니 인물이 잘생기고 백호니까 똑

똑하다.

- 아주 뛰어난 자식이 있단다. 남편 닮은 자식이다. 辰 중에서 乙木이 나 갔다. 남편자리이고 자식궁이다. 그래서 남편 닮은 자식이 되고 자식 역시 똑똑하고 인물이 잘생겼다. 내 몸에서 빼놨으니 잘 챙겨 준다.

- 그런데 자식이 부모를 안 좋아한단다. 88년생이고 결혼은 했단다. 결혼 하기 전에는 자식이 己卯다. 결혼하고 乙未로 간다. 자식 때문에 내가 많이 설기당하고 힘 빠진다.

  年月에 있는 자식은 키울 때 자식이고, 時柱 자식궁은 자식이 성가(成 家)를 했을 때이다. 그러니까 지금 결혼했으면 乙未로 가서 사이가 좋아 야 되는 게 맞는데 현실과는 좀 맞지 않다.

- 자식이 수학 올림피아드 금메달을 따서 서울대도 고등학교 2학년 때 들 어갈 정도였고, 그래서 바로 외국으로 나갔다고 한다. 다른 건 다 좋은 데, 자식과 사이가 안 좋아서 제일 한스럽게 생각한단다.

- 나이 들면 자식과의 사이가 좋아진다.

- 이 사주도 수학을 잘한다. 子卯가 수학이다. 月支가 子나 卯가 있는 사 람들이나 운시가 子나 卯를 가지고 있는 사람, 月支가 偏財인 사람도 수학을 잘한다.

- 자식은 지금 미국에서 잘나간단다.

- 여자는 酉대운이 가장 힘들다. 누구를 막론하고 일간과는 상관없이 이 혼수가 가장 많은 게 酉대운이다. 또 건강을 치고 들어오며 가정사·애 정사가 생기는 게 酉대운이다.

- 자궁 수술도 했을 텐데 아직까지는 안 했단다. 여자가 辰을 깔고 있는데 卯가 붙어 있으면 대부분이 자궁 수술이다.

丁火

북한이 연평도 포격하는 날

← 뒤에서

포탄(불)	포탄	포탄	대포
丁	丁	丁	庚
未	丑	亥	寅

庚쇠(포)에서 丁(포탄·화약·불)이 떨어졌다(火는 2.7이니 200발에서 많게는 700발). 亥(바다)에 떨어지고 丑(개펄)에 떨어지고 未(육지)에 떨어졌다.

촛대 별	촛불 달	태양	폭우	
辛	丁	丙	癸	坤)
亥	亥	辰	亥	

▶ 대운

62	52	42	32	22	12	2
癸	壬	辛	庚	己	戊	丁
亥	戌	酉	申	未	午	巳

▶ 통변

- 외국계 회사에 다닌다. 남편은 회사에서 만나 결혼했으며 외국인이다.

- 건강이 안 좋아 비실비실하다.

- 운시 : 丁 – 예감이 발달. 꿈이 잘 맞는다.

　　　　　巳 – 성실하고 착하다.

- 기세론으로 보아 水가 대세다. 水가 본 사주팔자를 끌고 간다. 水体다.
  고로 癸亥를 일주로 본다.

- 丙, 丁은 활동 무대다. 직장이다. 財星 혼잡이라 직장 변동수가 많다.

- 丙辰 직장에서 결혼했다. 辰 중 戊土와 戊癸合하여 丙辰이 남편이다.

辰은 외국 인연이라 외국인이다.

辰 : 외국 인연, 욕심, 식탐, 다재다능.

- 癸水는 丙火를 좋아하나 丙火는 癸水를 만나면 黑雲遮日(흑운차일)이
  라 싫어한다. 고로 내가 남편을 더 좋아한다.

  → 命主가 더 좋아해서 결혼했다고 한다.

- 돈은 辰 중 乙木과 亥 중 甲木이다. 辰土 속에 있으니 부동산이 있다.
  亥 중 甲木은 天干에 丙火가 있어 살아 있는 木이다. 甲木의 長生地
  역할을 한다. 실제로 외국을 많이 다닌다고 한다.

- 물은 넘쳐나는데 수로(木)가 없다. 木은 육친으론 자식이니 자식을 많이
  낳을수록 건강이 좋아진다.

- 木은 食傷이니 적선 · 봉사를 많이 하라.

- 3개의 亥 중 戊土와 합을 한다 해서 남자관계가 복잡하다고 보면 안 된
  다. 無情之合이며, 亥 중 戊土는 못 쓰기 때문이다.

- 癸亥일주는 60甲子 중 머리가 제일 좋다. 다방면의 공부를 하여 걸어
  다니는 백과사전이다.

  남편 戊土가 亥에 絶地라 남편 인연은 약하다.

陰 1965. 3. 12.

바위산	촛불	바위 철광석	약초	
戊	丁	庚	乙	坤)
申	酉	辰	巳	

▶ 대운

68	58	48	38	28	18	8
丁	丙	乙	甲	癸	壬	辛
亥	戌	酉	申	未	午	巳

▶ 통변

- 금융기관에서 근무하다가 영어와 수학 강사 일을 했다. 지금은 프리랜서로 해외금융 업무를 한다.
- 운시 : 辛 – 역학, 수지침, 낚시, 골프, 공상과학, 무협지를 좋아한다.
  巳 – 효심이 있고 착하고 성실하다.
- 띠가 공망이다. 여자는 띠가 공망이면 삶에 파란이 많고 영감이 발달한다.
- 丁火로 庚金을 녹이고 乙木(약초)도 키운다.
- 丁火일간은 문창성과 生地를 깔아 미인이며 총명하다.
- 丁火는 달이요, 酉는 달 뜨는 문이라 月出門(월출문)이다.

여자는 卯가 와서 沖을 하게 되면 下血(하혈)을 하게 되고,

남자는 吐血(토혈)을 하게 된다.

- 丁火는 촛불이요, 酉는 황금촛대라 집안에 부처상을 모시기도 한다.

  丁火는 영감(靈感)이라 꿈이 잘 맞기도 한다.

- 일간이 문창성과 生地를 깔아 인물이 수려하고 총명하다. 문창성에서 辛金이 투출했다면 교육 공무원으로서 교단으로 갔겠지만, 庚金이 투출하여 학원 선생이나 과외 선생으로 갔다.

- 그러나 초년대운이 巳, 午 比劫運이라 친구들과 어울리느라 공부는 소홀히 했다. 만일 기숙사가 있는 학교에 가면 공부를 한다.

- 산바람(戊)에 丁火 촛불이 꺼질 듯 말 듯하니 위태하다.

  또한 金多火熄이라 위험하다. 즉, 심혈관 질환이 위험하다.

- 辰 : 다재다능, 다품목, 욕심, 식탐, 외국 인연이다.

- 庚金 財가 乙木과 합하고 있다. 天干의 합은 연애합이다. 즉, 돈(財)이 연애를 하여 밖으로 나가니 내 돈 되기는 어렵다.

- 丁火는 남편 庚金의 羊刃 위에 있다. 刃은 칼이다. 나는 남편의 칼날 위에 있다. 고로 내가 살기 위해서 이혼을 해야 한다.

- 丁火로 庚金 녹이고 乙木도 키우는 命이다. 辰月의 乙木은 약초다. 하여 값이 나간다. 그런데 乙庚合이 되면 庚金은 잡석(雜石)이 되고 乙木은 잡아(雜芽)가 된다.

  즉, 철광석인 줄 알고 녹였더니 돌멩이를 녹이는 결과요, 약초를 키웠더니 쓸모없는 잡풀을 키운 결과가 된 것이다. 돈을 벌었지만 결국은 내 돈이 될 수 없는 결과가 된 것이다.

- 午運이 와서 申金을 녹이게 되면 큰 재물을 얻게 된다.

  地支에 있는 申金은 午火로만 녹일 수 있으며, 지하에 매장된 철광석이

라 그 양을 가늠할 수 없어서 아주 큰돈이 된다. 그러나 午대운이 일찍 지난 것이 안타까울 뿐이다.

- 본 命에서 가장 나쁜 것은 乙庚合이다. 잡석과 잡아를 만들어 버렸기 때문이다. 고로 乙庚合이 풀리는 운에 발복한다. 合은 合과 沖으로 풀기 때문에 바로 내년 庚子년에 合이 풀려 발복하게 된다.

- 다음 해인 辛丑년도 乙辛沖으로 合을 깨니 돈을 벌게 된다. 그러나 巳酉丑 金局을 짜니 역시 건강을 조심해야 하고, 스트레스도 많이 받게 된다.

  丑辰破도 된다. 丑辰破는 갈등이 매우 크다. 印星이니 계약이나 문서 공부 등으로 갈등이 크다고 할 수 있다.

- 현재는 酉대운인데 여자가 酉대운이면 매우 안 좋다. 여자는 陰인데 酉는 陰氣가 가장 강하므로 여자가 酉대운을 타게 되면 이혼수가 있든지, 애정사 · 건강사에 문제가 있게 된다.

- 月支가 格이다. 格을 묶는 대운이 大凶이다.

  酉대운에 월지를 辰酉合으로 묶어 버리니 매우 안 좋다.

  辰酉合은 시체의 象이다. 살아 있어도 시체처럼 사는 형상이다.

- 남편(庚辰)은 앉은자리 辰 중에서 年干으로 乙木을 투출시켰다. 일지에서 투출된 正財는 命主의 명줄이다. 명줄을 밖에다 내놓고 내가 合을 하여 보호하고 있는 형상이다. 이렇게 되면 건강관리에 각별하다. 건강보조식품을 잘 챙겨 먹고 조금만 아파도 동네 병원에 가지 않고 종합병원으로 달려간다. 실제로 그렇다고 한다.

- 時支는 말년이다. 時支에 根이 있으면 나이 들어서도 일을 하게 된다. 또한 고집이 강해진다. 일명 똥고집이다.

절벽산	달	오솔길	호수	
戊	丁	己	壬	乾)
申	卯	酉	子	

▶ 대운

42	32	22	12	2
甲	癸	壬	辛	庚
寅	丑	子	亥	戌

▶ 통변

- 2017년에 교통사고로 운명을 달리한 유명 연예인이다.

- 酉月의 丁火는 꺼지지 않는 화롯불이라 잘 산다.

- 본 命式은 일간이 극신약하여 대세를 따라야 한다.
  사주를 끌고 가는 대세는 水이다. 하여 壬子를 体로 보아야 한다. 물론 酉가 生地로서 좋지만, 子酉破가 되어 쓰임에 지장이 있어 대세인 水를 따를 수밖에 없다.

- 酉月의 壬水는 金水双淸(쌍청)이다. 고로 선비정신이 강하다. 실제로 예능인보다는 선비적인 풍모가 느껴지기도 한다. 하여 학자나 道의 길

로 가는 것이 적성이다. 예능적인 자질은 약하다.

- 己土 正官이 濁水(탁수)가 되어 쓸 수 없다.

  조직 생활은 할 수 없고, 역시 자식 인연도 박하다(미혼). 己壬濁水에 子酉破, 귀문이 되어 있으니 己土官(직장·자식) 인연은 박하다.

- 旺한 水를 설할 木(수로)이 급히 필요한데 卯木밖에 없다.

  卯木은 旺한 水를 설하기에는 턱없이 약하다. 그래도 본 명식에서는 卯木을 쓸 수밖에 없으니 卯木이 본 명식의 核이다.

- 丁火는 결혼하게 되면 처가 된다. 丁火 처는 卯木(본 명식의 核)을 가지고 있다. 또한 壬일간의 天乙貴人이기도 하다. 하여 卯에 올인할 수밖에 없다.

- 丁火는 天干의 도화요, 卯木은 地支의 도화라 어리고 새싹 같은 예쁜 여자만 찾게 된다(丁卯는 달나라의 玉토끼라 미녀, 옥녀). 헌데 丁卯 여자와 干合支刑으로 곤랑도화가 되어 있다. 하여 어린 여자와 약물, 술, 마약 등을 하는 구조이다.

  → 화요일까지는 매스컴에서도 사망 원인을 심근경색으로 발표했는데, 필자는 약물중독이라고 보았다. 후에 약물중독 얘기가 나왔다.

- 그런데 己土(月柱)가 막고 있어 隔合(격합)이 되니 실제로 결혼으로는 이루어지기 어려운 구조이다.

- 현재 甲寅대운이다. 甲寅대운은 旺한 水를 잘 설기할 수 있으니 인생의 황금기이다. 실제로 이 대운부터 활동력이 강해지고 잘나갔다고 한다.

- 현재는 寅대운인데 寅申沖이 되어 역마지살 沖이라 교통사고요, 寅은 머리요 척추라 머리를 다치고 척추를 다치게 된다.

- 본 명식에서 가장 좋은 글자인 寅을 쓸 수 없게 만드는 申이 원국에 있는 것이 본 명식의 가장 큰 흉이다.

- 食神이 밥줄이라면 正財는 육신이다. 食神이 다치는 것보다 正財가 다치는 운에 사망하는 경우가 더 많다. 丁은 나의 몸뚱이요, 제1의 명줄이다. 하여 丁卯의 변화를 잘 보아야 수명을 알 수 있다.
- 丁酉년이 오니 丁 명줄이 발동이 걸린다.
  원국에 核인 卯와 酉가 있어 언제든 卯酉沖을 할 준비가 되어 있는데 운에서 酉가 오니 卯酉沖이 강력하게 발동하여 본 명식의 核인 卯木을 박살 낸다. 어찌 운명을 피해 갈 수 있을까?

철	난로	태양	거목	
庚	丁	丙	甲	坤)
戌	未	寅	午	

▶ **대운**

65	55	45	35	25	15	5
己	庚	辛	壬	癸	甲	乙
未	申	酉	戌	亥	子	丑

▶ **통변**

- 두 번 이혼한 命이다. '붕어빵 장사가 좋을까? 막걸리 장사가 좋을까?'
  하고 물어 왔다.

- 甲木은 死木(사목)이라 땔감이 되어 火를 살린다.
  寅午戌 火局에 未(열사토)가 있다. 천지가 불바다이다.

- 庚金은 녹아서 물이 되어 형질이 변경되었다. 이렇게 庚金이 녹아 물이
  되면 노이로제, 정신질환이 오게 되며, 때론 접신(接神)이 되기도 한다.
  → 현재도 정신이 오락가락한다고 한다.

- 庚金이 녹으니 대장질환이라 설사를 자주 하고, 결국은 폐렴으로 간다.

피부는 건성 피부가 된다.

- 庚金이 火局에 녹으면 어렸을 적엔 두드러기가 심하다. 치질 수술도 할 수 있다. 특히 寅木이 있으면 나무뿌리가 땅에 박혀 있는 형상으로 암치질이다. 月柱가 丙寅이면 확률이 매우 높다.

- 寅午戌 火局이면 무조건 寅木이 불탄다.
  고로 모친과 인연이 약하고, 본인도 급성간염에 걸리기 쉽다.

- 언뜻 세상에 불 밝히는 사주로 보기 쉽지만, 丁火와 未土 때문에 불 밝히는 명식은 아니다.

- 조열한 사주일 뿐이다. 이렇게 조열하면 水(色)를 탐하여 술장사나 포주를 하는 경우도 많다. 그러나 너무 조열하기 때문에 水가 오면 오히려 凶이다. 旺한 火가 반발하기 때문이다.

- 사주에서 旺한 五行을 버리지 못한다. 누구나 旺한 五行을 따라가려 한다. 고로 旺한 火를 쓰는 것이 더 좋다.

- 형상을 보면,
  未土는 밀가루이다.
  戌未刑이라 밀가루를 조정하고 다듬으니 반죽하는 형상이다.
  戌은 아궁이, 약탕기, 보일러, 가스통, 연탄재의 물상이다.
  庚은 철판이다.
  → 밀가루를 반죽하여 가스불에 철판 올려놓고 붕어빵을 굽는 형상이다.

- 대운도 金(財)대운이니 돈을 벌게 되는데, 붕어빵 장사가 사주의 그릇에 맞다고 본다.

- 未 : 음식 솜씨, 밀가루.
  戌 : 전생의 업(적선 많이 하라), 기억 창고, 폐가 약하다.
      높은 산의 기도터, 사기 잘 당한다. 도사, 기술.

밭	달	난로	암벽산	태양
己	丁	戊	丙	乾)
酉	丑	戌	戌	

天乙

▶ 대운

73	63	53	43	33	23	13	3
丙	乙	甲	癸	壬	辛	庚	己
午	巳	辰	卯	寅	丑	子	亥

▶ 통변

- 변호사 사무장이다.
- 일간 丁火가 묘지에 있고, 濕土(습토)에 모든 氣가 설기되어 극신약하다. 이럴 경우엔 기세론(氣勢論)으로 보아 土가 대세이므로 月柱 戊戌을 일간으로 보아야 한다. 괴강이라 똑똑하다.
- 戊土일간이 양쪽으로 正, 偏印을 보아 점잖은 사람이다.
- 일간이 너무 旺하니 반드시 설기를 해야 한다.
  酉丑 金局으로 일이 많다. → 土金傷官格이 되어 역시 총명하다.

- 말년에는 時柱 己酉가 일간이 된다. ← 일지 丑 중에서 己土가 時干으로 투출했기 때문이다. 酉金 문창성을 깔아 역시 총명하다.
- 己土는 기록 記(기) 字에서 나왔다. 記는 법원에서 많이 쓰는 글자다. 고로 꼼꼼하게 기록을 잘한다. 대서사, 행정사 등의 직업군이다.
- 일간이 旺하기 때문에 설기하는 食傷運이나 財星運에 발복하게 된다.
- 地支에 土가 많으면 고집이 세다. 특히 丑土다. 소고집이요 일복이다.
- 地支는 밤글자로만 되어 있다. 그러면 밤늦게까지 일한다고 보라.
- 丁火는 戌土나 未土가 있으면 감성은 풍부하다. 丁火가 酉에 生地라 밝게 빛나는 달이다.
  丙火 태양은 死地에 들어 빛을 잃어 가고 있는 형상이다. 또한 丙火는 戌(묘지)가 2개나 있어 日落西山(일락서산)이 되었다. 고로 丙火(正印)을 쓰지 못하고 丁火(偏印)을 쓴다.
  → 전문성이 강하다.
- 지금은 火대운(여름)이라 己土일간이 강해진다. 일간이 강해지면 설기를 더 많이 해야 하니 더 열심히 일한다. ← 지금도 일을 하는데 체력이 많이 딸린다고 한다.
- 태과불급 게위지병이다. 많거나 없는 오행에 병이 온다.
  土가 많으니 위장병이다.
- 丁火가 丑(묘지)에 있으면 저혈압이다.
- 처는 丁丑이다. 젊은 날 戊戌일주로 살 때는 正印이니 엄마 같은 처다. 엄마처럼 잔소리한다. 그런데 일주와 刑이 되어 있으면 엄마처럼 무서운 처로 변한다. 때로는 엄마처럼 챙겨 주기도 한다. 또한 丑戌刑이라 지지고 볶고 싸우는 형상이다.
- 현재는 일간이 己酉라 酉丑合이 되어 좋은 관계를 유지하고 있다.

– 자식은 時柱로 본다. 본인도 時柱 己酉라 본인 닮은 자식은 꼭 있게
　된다.

 1944. 3. 21.

강	달 별	큰 산	거목	
壬	丁	戊	甲	坤)
寅	未	辰	申	

▶ 대운

73	63	53	43	33	23	13	3
庚	辛	壬	癸	甲	乙	丙	丁
申	酉	戌	亥	子	丑	寅	卯

▶ 통변

– 운시가 丁火라 예지력이 있어 꿈이 잘 맞는다. 卯는 예민하여 살이 안
　찐다. 또한 卯는 六害殺이라 역시 예민하여 살이 안 찐다.
– 밤의 丁壬合은 은하수다. 고로 미인이다.
　正官과 합을 하여 반듯한 사람으로 명예와 체통을 중시한다.

- 寅辰相怒(인진상노)가 있으면 천재다. 떨어져 있어도 머리는 좋다.
- 젊은 시절 땅을 사서 건축도 하고, 모피상을 하여 큰돈을 벌었다고 한다.
- 辰月에 나무를 키우는 命이다. 甲木은 오곡백과다.

  辰 중 乙木이 있고, 未 중 乙木이 있다.

  未土는 아파트다. 부동산 부자다.
- 신약사주에서 食傷과다에 財가 변질되어 돈이 없다고 하면 안 된다. 甲木이 生木이라 사업을 할 수도 있고, 교육과도 인연이 깊다. 木을 키우는 사주는 木이 돈이다.
- 丙火 태양으로 키우면 돈들이지 않고 수확도 많은데,

  丁火 난로로 키우니 노력과 자본이 많이 투자된다.
- 나무 키우는 사주는 대운이 木(봄), 火(여름)運으로 가면 좋다. 金(가을)運을 싫어한다. 金은 나무뿌리를 자르기 때문이다.

  申대운에 寅木 뿌리를 자르니 凶이지만, 甲木이 뿌리내리는 辰土와 未土가 있어 괜찮다. 단, 역마지살 冲이라 바쁘게 산다고 보라.
- 辰, 未는 養生土(양생토)다. 지장간에 乙木 씨앗을 품고 있다. 乙木은 예술의 神이다. 하여 天干에 乙木이 투출을 안 해도 예술성은 있다.
- 辰, 未가 다 있으면 식도락가, 미식가다.
- 丁火가 未土나 戌土에 根을 하면 감성이 풍부하다.
- 丁火는 화약이다. 화약은 폭발성이다. 고로 丁火일간은 평소에는 조용하나 한번 성질나면 화약처럼 폭발하기 때문에 아무도 못 말린다.
- 丁火가 辰土 傷官을 쓰면 다품목이다. 이것저것 가리지 않고 여러 가지 품목을 취급한다. 또한 다재다능하다.
- 남편은 年柱 甲申이다. 일지 未 중 丁火와 申 중 壬水가 暗合을 했기 때문이다. 年에 있어 결혼 빨리 했다. 그러나 戊辰 큰 산이 가로막아 떨

어져 산 세월도 있었다.

- 말년에 寅未가 있어 요실금이 있다. ← 양이 호랑이를 보면 오줌을 지려서.

- 時支는 나의 말년이다. 말년에 호랑이를 만나니 포효 한번 하겠다. 그러나 나이 들어 깊은 산에서 호랑이를 만나면 심장이 멈추니 심장병을 조심하라.

- 말년에 壬水官을 쓰니 동창회장 등 명예직 하나는 차겠다.

- 금년 己亥년은 己壬濁水가 되어 명예에 흠집이 나겠다. 己土는 食神으로 나의 언행인데, 나의 마음자리인 일지 未 중에서 투출했기 때문에 나의 잘못으로 기인한다.

태양	난로	꽃	우박 바위	
丙	丁	乙	庚	坤)
午	巳	酉	子	
		天乙		

▶ 대운

66	56	46	36	26	16	6
戊	己	庚	辛	壬	癸	甲
寅	卯	辰	巳	午	未	申

▶ 통변

- 가을에 칼바위 위에서 우박 맞으며 乙木 꽃을 키우는 명식이다. 의지가 대단하다. 희소성이 있어 값이 나간다.
- 丁火가 酉月에 태어나면 무조건 잘 산다고 보라. ← 酉金은 丁火의 生地라 꺼지지 않는 화롯불이기 때문이다.
- 가을은 寒氣(한기)의 계절이다. 고로 따뜻한 글자가 필요하다. 天干으로는 丁火와 丙火요, 地支로는 午, 未, 戌이다. 고로 酉月 寒露(한로)의 계절에 따뜻한 난로라 어딜 가나 소중한 대접을 받는다.

또한 丙火 태양을 이용하니 지혜로운 사람이다.

→ 陰干(여자)이 陽干(남자)을 이용하면 지혜로운 사람이요,

반대로 陽干(남자)이 陰干(여자)을 이용하면 치사한 사람이다.

- 乙木이 모친인데, 丙, 丁火(食傷)로 꽃피우니 미인이고, 돈 많고, 다재

다능하다(실제로 그렇다고 함).

天干의 木火通明이다. 문화·예술에 인연이 있다. 바위틈에 핀 꽃을

꺾을 수 없기 때문에 모친은 장수한다. 단, 조후가 되어 있을 때이다.

모친이 남편 자리에 있으니 모친이 家權(가권)을 쥐고 있다.

- 부친은 모친과 合을 하는 庚子다. 乙木 正財와 合을 하니 월급쟁이다.

- 남편은 일지 배우자궁에서 투출한 時干 丙午다.

내 몸에서 자식자리로 투출했으니 남편을 자식처럼 챙겨 준다. 같은 火

라 친구 같은 부부 사이다. 方合을 했으니 같은 지역에서 만나 결혼했다.

丁火는 午에 祿이요, 丙火 남편은 巳에 祿이라 서로 祿을 교환했다. 이

를 交祿格(교록격)이라 하며, 말년에 녹봉을 받을 수도 있다.

- 女命은 時柱가 比劫이면 진방지부라 하여 말년에 고독하다.

- 丁火가 낮 시간에 태어나면 태양에 가리는 형상이라 사업을 하게 되면

굉장히 투쟁적이다.

- 시간이 낮 시간이라 丙火는 劫財 작용도 한다. 하여 天干으로 丙이 오

는 세운에는 돈 손실이 난다.

→ 丙申년에 13억을 사기당했다고 한다.

- 금년 己亥년에 무슨 일이 일어날까?

대운 卯는 偏印이다. 편인은 전문적인 공부다. 자기가 하고 싶은 공부

를 한다. 그런데 이 나이에 무슨 공부를 할까? 편인은 사기다. 금년 己

土는 食神이다. 무언가 새로운 일을 시작하려 한다. 그러면 반드시 사

기당하게 된다.

- 己土는 일지 내 마음자리, 남편궁에서 투출했다. 하여 본인이 스스로 결정을 하고, 남편도 동의를 하게 된다.

- 일지를 巳亥冲 한다. 일지는 내 마음자리라 좌불안석이요, 심리적 불안감 내지는 충동이 일어난다. 부부 싸움도 된다.

- 偏印대운에 食神세운이니까 偏印倒食(편인도식)도 된다.

  食神은 나의 명줄이다. 건강을 조심해야 한다.

  食神은 자식이니 자식의 건강도 조심해야 한다.

난로	난로	논밭	약초	
丁	丁	己	乙	乾)
未	未	卯	亥	
		文曲	天乙	

▶ 대운

64	54	44	34	24	14	4
壬	癸	甲	乙	丙	丁	戊
申	酉	戌	亥	子	丑	寅

▶ 통변

- 인테리어 기술을 배우고 있다.

- 陰八通이다. 여성스럽고 끈기가 있으며 실속파다.

- 丁火가 未土나 戌土의 根이 있으면 감성이 풍부하다.

- 가을·겨울에 丁火는 난로요, 己土는 비닐하우스 농장이다.

- 여기서 丁火는 매우 강하다. 旺한 五行은 반드시 설기를 해야 한다. 하여 己土를 중히 쓴다. 말을 잘하고 똑똑하다.

- 卯月의 丁火는 눈물의 丁火라 어려운 가정에서 태어나 눈물깨나 흘렸

다고 볼 수 있다.

→ 굉장히 총명한데 가정 형편상 대학 진학은 못했다고 한다.

- 年月에 濕(습)이 많다. 그리하면 어렸을 적 감기 잘 걸렸다고 볼 수 있다. 年柱, 月柱가 모두 濕(습)이다.

- 乙木(약초) 키우는 명식이다. 亥卯未 木局을 이루고 있다.

  木이 돈이다. 局을 이루고 있으니 큰 부자명이다.

- 丙火 태양으로 키우면 잘 키울 텐데, 丁火 난로로 키우는 형상이라 자본과 노력이 많이 투자된다.

- 乙木이 亥卯未 木局을 이루고 있으면 꽃밭이다. 하여 꽃밭 속에서 산다고 볼 수도 있다.

  만일 대운이 火(여름)으로 흐르게 되면 아주 조열하게 된다. 그러면 사업(인테리어)으로 잘나가지 못하고, 기둥서방 노릇을 하게 된다.

- 卯는 집착, 암기력, 수학, 손가락이며 곡선이다.

  年干 乙木으로 투출했으니 손가락 솜씨가 뛰어나다.

  卯는 문곡성이다. 天干으로 투출되어 있다.

  → 손가락 기술이 예술이며, 곡선을 잘 그리며, 세상에 이름을 떨치게 된다.

- 未는 가장 뜨거운 溫土(온토)로서 육식을 좋아하고, 음식 맛을 잘 보며, 남자에게는 손 조작 솜씨가 좋다.

- 木을 키우는 사주는 대운이 봄(木)·여름(火)으로 가면 좋은데, 丁火를 중히 쓰는 사주는 가을(金)·겨울(水)대운을 타면 더 좋다. 寒冷(한랭)의 계절에는 丙火 태양보다는 丁火 난로가 더 좋기 때문이다. 고로 73세까지의 대운은 좋다.

- 未土는 아파트를 의미한다. 2개 있으니 최소한 2채는 소유하게 된다.

- 남명에서 未未가 있으면 여자 문제가 많다. 숨겨 놓은 꽃밭이기 때문이다. 또한 공처가가 많다.

- 여기서 己土는 조열한데, 만약 대운이 水, 金으로 흐르지 않고, 火(여름)로 갔다면 마른 당뇨나 중풍으로 고생하게 된다. 火대운을 타지 않은 게 다행이다.

- 모친은 年柱 乙亥다. 모친이 亥천문성을 印星으로 쓰고 있으니 역학 공부도 할 수 있겠다.

  → 관심은 많다고 한다.

- 부친은 月柱 己卯다. 己卯일주는 알쏭달쏭 기묘하다. 괴팍하고 예측 불허다. 편관을 깔아 욱하는 성격이 있다. 己土 주변에 木이 旺하다. 관성이 강하다. 일복이 많고, 동네북이다.

  己土가 旺한 乙木을 보면 바람(乙)에 구름(己)이 흩어진 형상이다. 己土는 입이다. 입을 갈퀴(乙)로 할퀸 형상이라 말을 더듬거나, 심하면 자폐증이 될 수도 있다. 하여 己土가 살기 위해서 악으로 깡으로 살 수밖에 없다.

  → 성격이 너무 괴팍하고 깡이 세다고 한다. 공직인데 지방에 근무한다고 한다. 己土 역시 꽃밭을 이루니 여난을 겪게 된다. 바람을 피워 이혼까지 생각했다고 한다. 그러나 이혼은 잘 안 된다. 모친 乙木이 남편인 卯木에 根을 두고 亥卯合을 하고 있기 때문이다.

- 乙木 모친은 丁火 보고 꽃을 피워야 하는데 중간에서 남편 己土가 가로막고 있으니 남편이 방해꾼이다. 즉, 食神으로 일을 하고 싶은데 남편이 진로 방해를 하고 있는 형상이다.

가을비	난로	태양	구름	
癸	丁	丙	辛	坤)
卯	卯	申	酉	

▶ 대운

77	67	57	47	37	27	17	7
甲	癸	壬	辛	庚	己	戊	丁
辰	卯	寅	丑	子	亥	戌	酉

▶ 통변

- 丁火는 첫째 庚金이 있는가를 봐야 한다. 庚金이 있으면 할 일이 있는 거다. 그다음에 甲木이 있으면 꺼지지 않는 불이 된다. 그래서 둘 중에 하나만 있어도 小富는 된다.

- 申金은 못 녹인다. 天干에 있는 庚金만 녹인다. 地支에 있는 申金은 午火로써 녹인다. 만약 대운에서 午火를 타면 아주 대박이 나는 사주다. 申金은 지하자원이기 때문이다.

- 申월부터는 한기의 계절이다. 甲木은 없고 卯(습목)만 있다. 눈물 흘릴 일이 많은 거다. 丁火가 꺼질락 말락 하고 있다. 丙火한테 의지하려고

하는데 辛金한테 合去가 되어 버렸다.

- 丁火가 꺼져 가면 반드시 심혈관 질환에 문제가 있다. 이번에 심장 시술을 했단다. 더군다나 대운이 겨울이다. 癸水가 강해지면 丁火가 견딜힘이 없다.

- 卯卯刑 : 병약(病弱)하다.

- 결혼은 26세에 했다. 이 사주는 운시가 日地를 冲하여 이혼수가 있는 사주라 결혼을 늦게 해야 된다.

- 운시 : 酉 – 스트레스 글자. 偏財니까 돈 때문에 스트레스. 폐가 안 좋다. 여자는 운시가 午나 酉면 미인이다.

- 이 사주는 金이 병이다. 丁火가 금다화식(金多火熄)이다. 丑 대운까지 잘 견뎌야 한다.

- 丁火가 癸水한테 꺼져 간다. 癸卯가 자식인데 자식 때문에 丁火가 꺼져 간다. 여기서도 자식궁과 운시가 冲을 하고 있으니 자식하고도 떨어져 살아야 된다.

- 辛酉 아버지, 丙申 어머니다.
  아버지는 酉는 祿地이면서 도화이다. 그래서 아버지가 잘생기셨다.
  엄마는 丙火이니 친구 같은 엄마다. 나와는 卯申귀문 걸려 좋을 때는 좋고 다툴 때는 다투고, 죽고 못 살다가도 또 돌아서는 관계다.

- 음악학원을 차리려고 했는데 몸이 아파서 못했단다.

- 여기서 재성인 辛酉가 나의 활동 무대다. 학원이다. 또 辛酉는 스피커인데 스피커가 두 개나 있다. 그러니 음악학원으로 볼 수 있다. 그런데 丙火가 가져가 버렸다. 차리기가 힘들다. 만약 한다면 丙火와 동업을 하든지 해야 된다.

- 금다화식인데 丁화는 꺼지지는 않는다. 根이 없어 빛으로 보기 때문이

다. 그래서 어둠 속에서 빛은 발하기 때문에 亥子丑으로 운은 좋게 흘러
가 잘나가기는 하지만 건강은 안 좋다.

그러나 根이 오면 水에 당한다. 금다화식이 되고 水克火가 된다. 그런
데 火대운이 90 넘어서 오니까 골골하면서 90까지 간다. 세운만 조심하
면 된다.

 1967. 9. 27.

가을비	용광로	철	용광로	
癸	丁	庚	丁	乾)
卯	卯	戌	未	

▶ 대운

77	67	57	47	37	27	17	7
壬	癸	甲	乙	丙	丁	戊	己
寅	卯	辰	巳	午	未	申	酉

▶ 통변

- 戌월은 늦가을이다. 그러나 이 戌이라는 글자는 화로 보일러 탱크다. 戌

월의 戌은 굉장히 강하다. 그러니 戌월의 戌은 굉장히 뜨거운 불이다.

- 丁火 옆에 癸水가 붙어 있으면서 불을 항상 끄려고 하니 나는 항상 비상이 걸려 있다. 자식 때문에 예민하고 고민 많고 신경 쓰느라 힘들다.

- 地支는 가정궁인데 地支가 굉장히 건조하다. 이렇게 되면 가정이 적막하다.

- 굉장히 효자란다. 癸卯가 있으면 무조건 효자다.

- 자기 공장에다 방을 들여 어머니를 모시고 혼자 거기서 지낸다고 한다.

- 이 사주는 丁火로 庚金을 녹이는데, 이것은 나만 녹이는 게 아니고 또 다른 놈이 같이 녹인다. 나만 녹이면 그래도 괜찮은데 큰 부자라고는 볼 수 없고 그냥저냥 먹고사는 모습이다.

- 卯는 지방간이다. 이 사람은 항상 간을 조심해야 한다. 언제든지 戌土에 타 버리기 때문이다. 子午卯酉는 육해살인데 만성이라는 의미가 있다. 그래서 만성간염이 있을 수 있다.

- 이 사주는 집안이 굉장히 삭막한 집안이고 운시가 부부궁을 깨 버렸고 자식궁도 깨 버려서 이혼수도 있고 자식과도 인연이 없다.

- 乙巳대운에는 庚金을 못 녹인다. 왜냐하면 乙庚合을 하면 잡석이 되어 버려서 녹일 金이 없기 때문이다. 그래서 金을 녹이는 사주가 乙木이 오면 되는 일이 없다.

- 甲辰대운 가면 대박 나는 사주다. 甲木을 키울 수 있는 조건이 다 갖추어져 있기 때문이다. 이때는 나무 키우는 사주로 간다. 그리고 항상 남자 甲대운은 리더가 되고 싶어서 어떤 일을 한번 크게 벌린다. 그래도 잘나간다.

- 癸卯대운에는 다시 내리막으로 간다. 癸水가 발동 걸리면 丁火가 견디기가 힘들다. 또 卯가 와서 卯戌火로 다 불태우고 卯卯刑을 한다.

- 이 사람은 여자처럼 굉장히 얌전하단다. 癸水 때문에 그럴 수도 있다. 까불면 癸水가 가만두지 않는다. 그러니 항상 있는 듯 없는 듯 조용히 살아야 된다.
- 丁火는 戌土 未土에 根을 하면 정이 많다. 감성이 풍부하고 눈물도 많다.

 1992. 2. 11.

큰 별	달		은하수	
庚	丁	壬	壬	坤)
戌	巳	寅	申	

▶ 대운

72	62	52	42	32	22	12	2
甲	乙	丙	丁	戊	己	庚	辛
午	未	申	酉	戌	亥	子	丑

▶ 통변

- 공무원 시험 준비 중이다. 예쁘게 생기고 집안도 괜찮다. 그런데 엄마 아빠를 밥으로 알아서 문제란다.

_____ 물, 형상 통변론

- 봄에 태어난 丁火는 눈물의 丁火다. 寅木은 건목이지만 寅月의 寅木은 습목이다. 눈물깨나 흘리고 안 좋은 가정이라고도 볼 수 있다. 또 조상자리에서 장대비를 뿌리고 있다.
- 사주에서 보면 좋은 집안은 아니다.
- 正官과 合을 해서 사람은 반듯하고 법대로 살려고 하며 체통 체면을 따진다.
- 직장은 壬申이라는 조직이니 괜찮은 직장이다. 그런데 壬申 직장을 가려면 壬寅이라는 강을 하나 건너서 가야 되니까 직장 다니기가 힘들다.
- 공무원은 반드시 官이 天干에 있어야 된다. 이 사주는 공무원 사주는 된다. 壬申이나 壬寅이나 다 큰 조직이다.
- 丁火는 巳에 根을 하지만 戌土가 根작용이 더 강하다. 巳는 寅巳申 刑殺로 가 버린다. 그러니 이런 사람들은 형권(刑權)을 다루는 데로 가면 더 좋다.
- 寅巳申 刑殺 : 아무도 못 말린다. 한번 자기가 결정하면 끝까지 밀고 나간다. 겁이 없다.
- 몇 년 전에 정신단체에 들어가서 완전히 정신이 나갔었단다. 아무리 말려도 듣지를 않았었단다. 寅巳申 刑殺이 있는 사람들은 주변 사람들 말을 안 듣는다.
- 얘는 자기가 마음만 먹으면 직장은 언제든지 들어간단다. 그리고 자기가 스스로 그만둔단다.
- 강 건너 강이니까 직장 변동수는 많다. 그런데 항상 큰 조직에서 논다.
- 壬水가 두 개 붙어 있으면 해일이다. 그래서 유학을 보내든지 해야 되는 사주인데, 그냥 부모하고 떨어져 있었단다.
- 이 사주는 조직 생활을 한다. 丁壬合해서 큰 조직에서 조직 생활을 하고

나중에 庚戌도 마찬가지다. 正財 나의 활동 무대가 괴강이니까 큰 조직에서 한다.

- 나중에 결혼하면 庚戌이 남편이 된다. 괴강이니 똑똑하고 남편도 큰 조직에서 일한다. 庚戌 입장에서 보면 丁巳 官을 쓰니까 공무원이다. 그러니까 같은 조직에서 만난다.

 1958. 2. 22.

꽃	열	태양	암벽산	
乙	丁	丙	戊	乾)
巳	巳	辰	戌	

▶ 대운

77	67	57	47	37	27	17	7
甲	癸	壬	辛	庚	己	戊	丁
子	亥	戌	酉	申	未	午	巳

▶ 통변

- 丁火나 丙火는 辰土를 食傷으로 쓰면 다재다능하다. 또 다품목도 된

다. 식탐, 욕심, 외국 인연도 된다.

- 申酉 대운에는 財대운이라 돈 벌었다.
- 戌대운에 辰戌冲하면서 돈 좀 까먹는다.
- 壬戌대운은 여섯 번째 대운인데 환경의 변화를 겪으면서 돈 손실도 나는 대운이다.

  → 戊戌년에 사람하고 싸워서 합의하느라 돈 좀 나갔단다.

- 丁巳일주는 불같은 성격이다.
- 年月支가 冲을 했다. 그러면 어려서 전학 갔다거나 대학 다닐 때 전과를 했다고 본다. 만약 역마 지살冲이라면 일찍이 고향을 떠난다고도 했다.
- 巳巳刑 : 눈뜬 장님살. 객사할 우려가 있고 불면증이 있다.
- 동생이 운영하는 회사에 다니고 있었는데 올해 사표를 냈단다.

  항상 丁火는 낮에 태어나면 丙火의 그늘에 갇힌다. 동생이 형 노릇을 하고 있는 거다. 동생이 위에 있으니까.

  동생의 辰土 食傷을 내가 빌려 쓰고 있다. 그러면 대개 친구 형제 밑에서 일을 한다. 丙火는 동생인데도 불구하고 부모자리에 있으니까 형 노릇을 한다. 동생이 형을 만만하게 보는 거다.

- 동생과는 辰巳지망으로 묶여 있는데 庚子년에 子辰 水로 동생이 나의 官을 만들어 주니 다시 동생 회사에 들어가겠다.
- 운시 丁巳는 예감이 발달해 있다.

제
五
강

戊土

큰 바위	큰 산	큰 바위 도끼	기암괴석 칼	
庚	戊	庚	辛	坤)
申	子	子	酉	

▶ 대운

61	51	41	31	21	11	1
丁	丙	乙	甲	癸	壬	辛
未	午	巳	辰	卯	寅	丑

▶ 통변

- 서울의 유명 대학 법대를 수석 졸업하고 현재 판사로 재직 중이다. 공대를 반학기 다니다가 교대로 가서 역시 반학기 다니다가 그만두고 재수하여 법대로 갔다.
- 명주의 모친이 철학원으로 사주를 보러 갔는데, 결혼도 어렵고 취직도 어렵다고 했다고 한다.
- 언뜻 水(財)로 從하는 從財格으로 볼 수도 있다.
  水도 강하지만, 金이 더 강하니 기세론으로 보아 金을 体로 보아야 한다. 月柱 庚子를 体로 보면 金水傷官이라 총명하다. 子月에 庚金이 일점 火가 없어 매우 냉하다. 傷官을 깔고 있는데 천간으로 투출하지 않아 밖으로 드러난 傷官星은 약하다.

- 戊土가 核이다. 子月에 戊土가 있으면 얼지 않는 물이다.

  戊土는 북풍한설(방풍, 방습)을 막아 주어 아주 좋다. 戊土(모친)는 旺한 庚金을 따뜻하게 덮어 주어 庚金이 사고 치는 것을 막아 준다.

  偏印이 吉작용이면 창의력, 센스, 유머, 위트, 지구력, 인내력이 강하다.

- 두 번째 核은 子水이다.

  子水는 天干으로는 癸水이다. 癸水가 법이다. 旺한 五行은 반드시 설기를 해야 하니 두 번째 核은 子水이다. 고로 자녀를 많이 낳을수록 좋다. 활동을 많이 하는 것도 좋다.

  사주가 너무 조열하거나, 너무 냉하면 임신이 잘 안 된다. 결혼한 지는 몇 년이 지났지만 아직 자녀는 없다.

- 남편은 年柱 辛酉이다. 친구 같은 부부관계이다. 子酉귀문이라 처음엔 귀신 들린 듯 좋아해서 결혼했다. 그러나 破도 되니 가정에선 파열음도 있겠다. 子酉는 결벽증도 된다.

  辛酉는 양날의 칼을 들고 있는 형상이다. 역시 子水를 쓴다. 성형외과 의사이다. 子水는 天干의 癸水이다. 辛金이 癸水를 보면 임기응변에 강하고 특수한 기술이 있다. 의약업 종사자도 많다. 또한 子水는 아주 섬세함을 의미한다. 고로 섬세하게 수술을 잘한다고 볼 수 있다.

- 木대운은 財대운이라 돈을 벌어 좋고, 火대운은 조후가 해결되어 좋다. 火대운에는 임신도 가능하다.

호수	큰 산	거목	호수	
壬	戊	甲	壬	乾)
子	子	辰	寅	

▶ 대운

65	55	45	35	25	15	5
辛	庚	己	戊	丁	丙	乙
亥	戌	酉	申	未	午	巳

▶ 통변

- 자동차 도색 전문가이다. 어려운 가정에서 태어나 초등학교 졸업했다.
- 운시 : 乙 - 말 잘한다. 동네방네 쏘다니기 좋아한다.

　　　　 巳 - 착하고 성실하다.
- 辰月에 조상자리에서 폭우를 내리고 있으니 좋은 가문은 아니다.
- 寅辰 相怒(상노)가 있어 머리는 총명하다.
- 戊일간은 太弱(태약)하여 의지처가 없다.

　辰은 주변에 水가 많아 水庫로 가니 戊일간의 根이 못된다.

　주변에 土가 많으면 辰은 水의 묘지가 된다.

- 일지 子 중 壬水가 年干에 투출하여 壬寅이 일간대행이 된다. 또한 水가 대세이니 水体로 본다.
- 壬이 寅 문창성을 깔아 총명하고 인물이 수려하다.

  水旺하니 寅木이 수로가 되어 본 명식의 核이다.
- 寅 食神이 투출되어 기술자이다.

  羊刃이 2개 있다. 羊刃이 있으면 프로다.

  羊刃이 있는 데다, 食神이 天干에 투출되었으니 이름난 기술자이다.
- 내 몸에서 食神(명줄)을 투출시키면 건강관리를 특히 잘한다.

  → 건강식품을 많이 챙겨 먹으며, 조금만 아파도 종합병원으로 간다고
    한다.
- 戊土도 중요한 역할을 하지만, 본 명식에서는 水多土流가 되어 쓸 수 없다. 고로 자녀들과는 떨어져 살아야 한다. 戊土 官을 쓸 수 없으니 조직 생활은 어렵다.

  → 자녀들은 지방에서 살고 있다 한다.
- 水가 많아 水가 病이 되고 있다. 藥神(약신)이 寅木과 戊土이다.
- 나무 키우는 명식이다. 木이 돈이다.

  甲木이 寅에 祿根을 두고 있다. 물은 넘쳐나는데 火가 없으니 빛 좋은 개살구이다. 의식주는 해결되지만 큰 부자는 아니다.
- 말년에 時柱 壬子가 일간이 된다.

  나이 들어서도 일을 하며 고집만 강해진다. 천지가 물이라 의심병이 있다. 壬子는 이중성격자이기도 하다.
- 처는 일지 寅에서 투출한 甲辰이다. 백호라 총명하다.

  유일한 根인 寅木이 刑, 冲으로 손상을 입으면 위험하다.

  처는 간암으로 별세했다. 甲木이라 간암이다.

	첩첩산중	호수	이슬비	
戊	戊	壬	癸	乾)
午	寅	戌	丑	

▶ 대운

61	51	41	31	21	11	1
乙	丙	丁	戊	己	庚	辛
卯	辰	巳	午	未	申	酉

▶ **통변**

- 환경운동을 했고 지금은 혼자서 폐수처리장을 운영하고 있다. 1인 사업
  자다.

- 운시 : 辛 – 수지침, 신비한 것, 역학, 골프, 낚시, 무협지, 공상과학을
       좋아한다.

   酉 – 스트레스 인자인데, 酉가 傷官이라 하는 일, 아랫사람들로
       부터 스트레스를 받는다. 폐가 안 좋다. 傷官이라 사업 수
       완이 좋다. 말이 많다. 말이 많은 만큼 구설수도 조심하라.
       호주머니에 항상 쓸 돈은 있다.

- 戊戌로 물 막는 命이다. 물이 돈이다. 그런데 댐은 튼튼한데 막을 물이 적다. 고로 地支에 亥, 子, 申운이 오면 좋다.
  天干에 壬水는 호수인데 根이 없고, 生을 못 받아 말라 가고 있다. 癸水는 가느다란 이슬비라 막을 정도는 안 된다. 丑 중 癸水가 그나마 물인데 역시 적은 물에 불과하다. 그런데 丑戌刑이 되어 있다.
- 刑이란 수리 · 조정 · 형벌이라 丑 중 癸水를 수리 · 조정하고 있는 형상이다.
- 丑土는 오물이다. 그 속에 있는 癸水는 더러운 물이다.
  → 하여 더러운 물을 수리 · 조정하니 폐수처리장을 운영하고 있는 형상이다. 적은 물이라 월급쟁이 정도의 돈은 번다고 한다.
- 男命은 地支에 三合을 이루고 있으면 사람이 순하다.
- 자녀는 寅木인데 寅午戌 火局을 이루어 불타 버렸다. 자녀를 갖기 어려운 구조이다.
  → 시험관으로 딸 쌍둥이를 얻었다.
- 火局이 되면 항상 염증에 시달린다. 寅木이 불타니 간염이요, 戊土가 불난 산이 되니 위염이다. 戊土는 지장간 辛金이 丁火에 녹고 있어 폐에 문제가 있는데, 火局이라 더 잘 녹아드니 특히 폐렴이 염려된다.
- 물이 매우 필요한 명식이다. 집에 어항이나 물레방아 정도 있으면 좋다. 사는 곳도 물이 필요하니 소래포구에서 산다고 한다.

	강	섬	강	
壬	戊	壬	壬	乾)
子	子	子	子	

강(민물)　　　　강(민물)

▶ 대운

66	56	46	36	26	16	6
己	戊	丁	丙	乙	甲	癸
未	午	巳	辰	卯	寅	丑

▶ 통변

- 미혼이다.

- 辰生(용띠)과 안경점을 동업하고 있는데 영업이 안 되어 동업자가 나가
  려 한다.

- 지난 寅卯辰대운에 되는 일이 없었다. 하는 일마다 안 되어 집안 돈을
  다 날렸다. 죽을 만큼 힘들었다. 자살 시도도 하였으나 실패하였다.

- 운시 : 癸 – 욕심이 많다.

　　　　　丑 – 天厄星이라 살면서 厄을 많이 겪는다.

반안살이라 책임감이 강하고 효심이 있다.

- 한겨울 북극 바다에 섬 하나 있는데 꽁꽁 얼어 있다.

   → 외로운 형상이다.

- 月柱 壬子를 일간대행으로 본다.

   寅卯대운에 食傷運이라 일을 벌이고 열심히 하려고 발버둥 치지만, 꽁꽁 얼어 있어 하는 일이 뜻대로 되지 않는다.

- 卯대운이 六害殺 대운이라 자살 시도를 해도 조상의 음덕으로 살아나게 된다(六害殺 대운 : 조상의 음덕이 있다).

- 戊土로 보면 卯대운이 浴地대운이라 경험도 없으면서 일을 벌이게 되며 실패하게 된다. 壬水로 보더라도 食傷이 子卯 刑이다. 조후가 안 되면 子卯는 水生木이 아니라 子水가 卯木을 얼려 죽인다. 刑 작용이 확실하게 나타난다.

- 여름이 오면(丁巳대운) 꽁꽁 얼었던 저 많은 북극의 물이 녹으니 범람하여 쓰나미를 일으킨다. 水多土流.

   → 자식이 있었다면 자식을 水厄으로 잃을 수 있는 命이다.

- 원국에 寅, 卯(특히 寅) 木이 있었다면 수로가 되어 쓰나미를 면할 수 있다. 卯는 子卯刑이 되어 傷官의 凶작용으로 害가 있다.

- 寅木을 써야 하니 봉사·보시를 많이 하라.

   산신 기도를 많이 하고, 등산을 다녀라.

논밭	큰산	태양	비	
己	戊	丙	癸	坤)
未	辰	辰	酉	

▶ 대운

56	46	36	26	16	6
壬	辛	庚	己	戊	丁
戌	酉	申	未	午	巳

▶ **통변**

- 흑인 남자를 좋아한다.

  흑인을 애인으로 사귀었는데 丁酉年(2017)에 애인이 미국 일리노이주에서 총을 맞아 사망했다.

  또 흑인을 사귀기 위해서 수시로 홍대로 나가서 배회하고 있다고 한다.

- 얼굴은 흑인처럼 검은 편이라고 한다.

- 운시 : 丁巳는 예지력이 강하다. 巳는 성품이 착하고 성실하다.

- 큰 산 밑에 밭이 있고 태양은 떴는데 癸水에 가려(黑雲遮日) 캄캄하니 얼굴이 검다. 癸水가 없다면 잘생기고 얼굴도 밝게 된다.

- 일지 辰 중 癸水를 年干에 투출. 女命일지는 子宮이다. 辰土 역시 子
  宮의 개념이 강하다.
  → 일찍이 子宮을 투출하였으니 정조 관념이 약하다. 특히 癸水는 검은
    색이요, 酉는 酉方이라 서양에서 온 흑인에게 내놓은 형상이다.
- 土가 많아 日柱之病이다. 藥神(약신)은 金과 木이다.
  고로 金의 나라인 미국(庚申)을 가고 싶어 한다.
  木은 한국(甲寅)인데, 한국도 좋지만 木克土로 싸움이 일어나니 설기하
  는 金이 더 좋다.
- 土가 많아 病이라 위장에 문제가 있다.
- 女命이 辰月生이거나 辰을 깔고 있으면 대체로 色이 강하다.
- 본 명식은 광산(酉金 캔다) 사주다. 고로 傷官을 쓴다.
  이때는 水가 돈이다. 辰 중 癸水가 돈이요, 財庫다.
  辰土 땅속에 있으니 부동산도 많게 된다.
  財庫를 2개나 가지고 있으니 부자 사주다.
- 또는 辰 중 乙木과 未 중 乙木을 키우는 명식도 된다.
  菜根食品(채근식품)이다. 역시 땅속에 있으니 부동산이 많게 된다.
- 辰土나 未土가 있으면 암장 속에 乙木이 있어 예술성도 있다.
- 辰 : 욕심, 식탐, 다재다능, 외국 인연, 爭鬪(쟁투)의 神.
  辰未 : 식도락가, 미식가.
  辰辰 : 당뇨, 피부병, 습진.
- 比劫過多(과다)라 고집이 세고 자존심이 강하며 돈 나갈 데도 많다.
- 時에 比劫이 있으면 말년에 절대 돈 안 내놓는다.
  (특히 흉신) 고로 가족들에게 미움받는다.

비	암벽산	호수	거목	
癸	戊	壬	甲	坤)
丑	戌	申	辰	

▶ 대운

63	53	43	33	23	13	3
乙	丙	丁	戊	己	庚	辛
丑	寅	卯	辰	巳	午	未

▶ 통변

- 명태식당을 다년간 하고 있다. 장사가 아주 잘되고 있으며 돈을 많이 벌었다. 아들이 중국으로 유학 갔는데, 중국의 갑부 딸과 연애하여 결혼하였으며 중국에서 살고 있다. 아들과 딸이 있는데 엄마가 돈이 많아 놀면서 엄마 돈을 까먹고 있다.
- 본인도 미인이고 아들도 미남이며 며느리도 미인이다.
- 운시 : 辛 – 수지침, 역학, 낚시, 골프, 공상과학, 무협지를 좋아한다.
        未 – 음식 솜씨.
- 큰 산에 호수와 계곡이 있고 거목(소나무)이 있으니 경치가 아름답다. 美

人이다.

- 제방 사주다. 水가 돈이다.

  戊土가 댐으로 核이다. 辰運이 오면 댐이 무너지니 大凶.

  辰運을 제외하곤 어떤 運이 와도 좋다.

- 아들은 壬申이다. 長生地를 깔아 총명하고 잘생겼다.

  申 中 戊土 투출하여 처는 戊戌이다. 모친과 同柱(동주)라 인연이 있어

  결혼할 때 엄마가 좋아했다. 결혼 때 반대 안한다. 오히려 찬성한다.

  며느리도 본명과 같이 댐 사주라 돈 많고 미인이다.

- 자식궁인 時柱에서 본 명식의 核인 戊을 丑戌刑으로 삭감하고 있다.

  → 자식이 엄마 돈을 축내고 있는 형상이다.

- 남편은 甲辰인데 月柱가 가로막고, 辰戌沖이라 좋은 관계는 아니다.

거목	큰 산	거목	폭우	
甲	戊	甲	癸	坤)
寅	寅	寅	亥	

▶ 대운

65	55	45	35	25	15	5
辛	庚	己	戊	丁	丙	乙
酉	申	未	午	巳	辰	卯

▶ **통변**

- 결혼했고 자식이 3명이다. 주택을 3채 임대하여 임대료를 받고 있으며, 땅도 있다. 남편이 재테크하여 돈을 잘 번다.
- 운시 : 乙 – 말을 잘한다. 단거리 여행을 좋아한다.
       卯 – 예민하다.
- 從殺格이 아니다. 신약사주에 財星을 감당 못하니 돈 없다고 보면 안 된다. 일간을 중심으로 官殺이 포진하고 있어 꼼짝 못하니 우울증으로 보면 안 된다.
- 밀림 사주다. 戊土 큰 산에 큰 나무(甲)가 빽빽이 들어선 모습이다.

→ 큰 산에 식솔이 많은 형상으로 부자명이다. 土는 木化된다.

- 호랑이가 다니는 큰 산에 거목이 끊임없이 내리는 비로 밀림이 되고 있다. 많은 거목을 베어 내도 또 잘 자라고 있으니 부자명이다.

- 木火대운이 좋다.

  金대운(가을)도 나쁘지 않다. ← 울창한 숲을 솎아 주니까.

- 甲木은 악기다. 寅 문곡성이 3개다. 月, 時干에 甲木으로 투출했으니 악기에도 소질이 있다.

- 寅이 2개면 호랑이 두 마리라 무서울 게 없으니 추진력이 강하지만, 寅이 3개면 오히려 조심성이 강하다.

거목	큰 산	절벽·우박	비	
甲	戊	庚	癸	坤)
寅	辰	申	未	

▶ 대운

75	65	55	45	35	25	15	5
戊	丁	丙	乙	甲	癸	壬	辛
辰	卯	寅	丑	子	亥	戌	酉

▶ 통변

- 운시 : 辛 – 수지침, 역학, 낚시, 골프, 공상과학영화, 무협지 등을 좋
  아한다.

  酉 – 미인이다. 스트레스를 잘 받는다. 폐를 조심하라.

- 절벽에 있는 큰 산에 거목이 있고 계곡이 있어 경치가 아름답다. 고로 미
  인이다.

- 土金傷官格이다. 영리하다.

  戊土일간의 申金은 문창성이다. 머리가 좋아 가르치는 직업으로 갈 수
  도 있다.

- 寅(호랑이), 辰(용)이 있으면 寅辰相怒(인진상노)라 하여 머리가 천재다.
- 戊土는 木(官)을 심을까? 金(광산)을 캘까? 갈등하는 구조다. 고로 진로에 갈등이 많다.
- 월주가 天干 地支가 食神이면 한 가지 일에 전념한다.
- 처음엔 광산을 캔다. 食神을 쓰니 조직 생활을 한다.
- 인생 후반기엔 木을 키운다. 官(명예)를 쓴다(뿌리가 튼튼하니 큰 명예를 얻는다).
  甲寅은 건물이다. 時柱에 있으니 말년에 건물이 있다.
  또한 甲寅은 한국이다. 한국에서 살 수도 있다.
- 나의 말(庚)은 가을(申)의 우박이라 매우 차고 냉정하다.
- 庚申은 미국이면서 식신이다. 고로 미국에 가면 매우 활발하게 활동한다.
- 印星이 없다. 깊이 심사숙고하지 않는다. 즉흥적이다. 엄마가 아무리 잘해 줘도 잘해 준 것인지를 모른다.
- 본 명식에서 火(丙)가 없는 것이 제일 凶이다. 火가 절대 필요하니 인터넷, IT, 전기전자, 정보통신, 언론 방송, 도서출판 등이 적성이다.
  항상 분홍색, 붉은색 계통의 옷을 입는 것도 좋다. 가방에 분홍색이나 빨간색 라이터를 장식용으로 가지고 다니는 것도 좋다.
- 戊亥가 공망이다. 약속을 잘 지킨다. 흑백이 분명하다. 결백증이 있어 한번 틀어지면 천금을 줘도 싫어진다.
- 未土가 天乙貴人이다. 형제·친구들이 귀인 역할을 한다.

호수	큰 산	큰 바위	기암괴석	
壬	戊	庚	辛	坤)
子	辰	寅	亥	

▶ 대운

67	57	47	37	27	17	7
丁	丙	乙	甲	癸	壬	辛
酉	申	未	午	巳	辰	卯

▶ 통변

- 의류판매업을 한다.

- 운시 : 辛 – 역학, 수지침, 공상과학, 미스터리, 무협지, 골프, 낚시

  卯 – 예민하여 살이 안 찐다. 만약 살이 찐다면 몸에 병이 있다.

- 財庫를 깔고 있으면 돈을 잘 안 쓴다. 신약하여 財庫를 감당 못한다. 고로 일간이 강해지는 火運에 발복한다. 午대운에 장사가 아주 잘되었다고 한다.

- 未대운은 신약한 일간을 받쳐 주니 좋지만, 格(寅)이 未에 입고되어 凶하다. → 장사가 안 되어 힘들었다고 한다.

- 일간이 좌우에 財와 食傷만 있으니 돈 벌 생각만 하고 돈에 욕심이 많다.
- 水가 일주의 病이다. 日柱之病.

  藥(약)은 木(寅)과 土(戊)인데 戊土는 있고, 寅木은 있지만 寅亥合으로 묶여 있어 역할을 못한다. 다만, 亥水 하나는 잡아 주고 있다.
- 남편은 月柱 庚寅이다. 庚은 나의 食神이다. 일하는 과정에서 만난다.

  水가 많아 病인데 藥神인 寅남편이 亥와 合으로 묶여 있어 旺水를 잡아 주지 못한다. 고로 있으나 마나 한 남편이다.

  → 실제로 아무것도 안 하는 있으나 마나 한 남편이라고 한다. 그래도 亥水 하나 잡아 준 것은 좋다.
- 운시가 卯이면 예민하여 살이 잘 안 찐다.

  → 이전엔 날씬했는데 요즘은 비만으로 가고 있다고 한다. 申대운으로 가면 水가 강해져 비만이 된다.
- 申대운에 壬水가 강해지면 根이 없는 일간 戊土는 水多土流 되어 위궤양을 조심해야 한다. 水厄(수액)을 조심하라.

  水旺하니 신장, 방광, 자궁에도 문제가 있다. 水多金沈의 害도 있다.

달	큰 산	거목	계곡	
丁	戊	甲	癸	乾)
巳	戌	寅	巳	

▶ 대운

76	66	56	46	36	26	16	6
丙	丁	戊	己	庚	辛	壬	癸
午	未	申	酉	戌	亥	子	丑

▶ **통변**

- 자동차 중고 딜러 1년. 유흥주점 10년. 젊은 시절 깡패 생활도 했다.
- 원룸 임대 26개, 상가 임대 4개가 있으며 본인 소유다.
- 47세(己卯年)에 술값 받으러 갔다가 칼을 맞았다.
- 申대운에 의사의 오진으로 담낭 수술을 했다.
- 2018년(戊戌年)에 월세가 안 들어와서 소송비가 들어갔다.
- 뼈마디가 쑤시고 류머티즘이 심하다고 한다.
- 이른 봄 큰 산에 거목을 심는 命이다. 天干은 경치가 좋으니 인물은 잘 생겼다. 하여 여자가 많이 따른다고 한다.

- 寒氣(한기)가 강한 寅月에 조상궁에서 癸水 찬비를 내려 주니 좋은 가문은 아니다.
  - → 어려운 가정에서 태어나 학교를 못 다니고 깡패의 길로 들어섰다고 한다.
- 申대운은 甲木의 뿌리인 寅木을 짜르니 大凶이다.
  寅(척추)가 沖으로 척추에 이상이 올 수 있고 寅巳申 三刑殺이라 교통사고나 수술수가 있다.
- 申대운이 大凶인데, 그래도 재산을 지킬 수 있었던 것은 부동산으로 가지고 있었고, 사업을 확장하지 않고 근신·자중했기 때문이다.
- 己卯年은 甲己合으로 돈 손실이 발생하고, 巳는 격각이 되고, 卯戌合으로 甲木偏官(깡패)의 羊刃(칼)이 내 몸인 戌에 합되어 들어오니 칼 맞았다. 卯(칼)이 卯戌合火로 타 버렸기 때문에 생명은 건질 수 있었다.
- 戊戌年은 戊土 命主도 묘지에 들고, 丁火印綬도 입고되니 힘들게 된다. 巳戌귀문이 双(쌍)으로 발동된다.
- 時干에 印綬(인수)가 있으면 말년에 임대료를 받는다. 丁火 印綬가 巳를 깔고 있으니 힘이 있어 임대료 수입이 많다. 巳는 사거리, 번화가, 백화점이다.
  - → 사거리 번화가에 상가가 있다고 한다.
- 처는 年柱 癸巳다. 년에 있으니 일찍이 결혼했다. 正財를 깔아 월급자이고 돈 관리에 철저하다. 처음엔 巳戌귀문이라 귀신 들린 듯 좋아했다. 그러나 자식(甲寅) 낳고 무정하게 된다.
  - → 이혼했다.
- 두 번째 처는 일지 戌 중에서 투출된 時干 丁火다. 즉, 丁巳다. 丁火는 天干의 도화다. 역시 巳戌귀문이라 귀신 들린 듯 좋아했다고 한다.

미인이며 나이가 한참 어리다고 한다. 그러나 印綬라 처가 나에게 엄마처럼 따뜻하게 대해 준다. 일지 내 몸에서 자식자리로 투출시켰으니 처를 자식처럼 챙긴다.

 1988. 5. 3.

달	큰 산	태양	큰 산	
丁	戊	丙	戊	坤)
巳	午	辰	辰	

▶ **대운**

69	59	49	39	29	19	9
己	庚	辛	壬	癸	甲	乙
酉	戌	亥	子	丑	寅	卯

▶ **통변**

- 학업에 열정적이었고 성적도 나름 좋았다. 그러나 시험운은 안 좋다고 한다.
- 학창 시절엔 항상 반장·부반장을 했고 리더십이 강했다.

- 木大運에 큰 수술을 2번 했다. 한번은 偏官運에 했다. 우울증에 시달릴 정도의 시련도 있었다. 甲運이 너무나 안 좋았다고 한다.
- 가색격 아니다. 火土 兩氣로 이루어져 있으나 兩氣相生格도 아니고 兩氣相克格도 아니다.
- 体用法으로 보아야 한다.

  土를 体로 보면 火를 用으로 보아야 하고(印星을 쓴다),

  火를 体로 보면 土를 用으로 보아야 한다(食傷을 쓴다).
- 학창 시절엔 官運을 타서 공부는 열심히 한다.
- 乙卯대운은 戊午를 일간으로 본다.
- 甲寅대운은 일지에서 투출된 丙辰을 일간으로 본다.

  양쪽으로 戊土 큰 산이 가로막혀 있어 晦光(회광)이 되고(봄철의 황사현상), 辰土에 힘을 잃고 있어 우울증이 올 수도 있다. 답답하다. 뿌연 하늘이라 판단력을 잃을 수도 있다.
- 29대운부터 59庚戌대운까지(40년간)는 戊午를 일간으로 본다. 丁巳자격증(국가공인 자격증)으로 자영업(사업)한다.

  물을 막는다. 壬子대운이 황금기다.

  時干이 印綬라 임대료를 받고 산다. 사거리, 번화가(巳)에 있는 건물이다.
- 戌대운에 辰財庫를 開庫(개고)하여 매우 좋다.
- 59庚戌대운부터 丁巳를 일간으로 본다. 食傷을 쓰니 가르치고 베푼다.

큰 바위	큰 산	밭	큰 바위	
庚	戊	己	庚	坤)
申	午	丑	戌	

▶ 대운

79	69	59	49	39	29	19	9
辛	壬	癸	甲	乙	丙	丁	戊
巳	午	未	申	酉	戌	亥	子

▶ 통변

- 金캐는 命 ① 丑 중 癸水가 돈이다 : 북동쪽 자갈땅.
  ② 申 중 壬水가 돈이다 : 보험업, 차량 딜러.
  서양무용이니 에어로빅 강사다. 발레도 했단다.

- 印比食 구조다. → 프리랜서, 자유직업, 라이센스.
  申 문창성이 年干에 투출 → 에어로빅 강사다. 申, 酉는 서방 무용이다.
  時柱食神이 干如支同이면 한 가지 일에 전념한다.

- 申이 核이다. 庚寅년에 교통사고로 크게 다쳤다.
  申은 庚식신의 祿地, 壬편재의 生地. 문창성으로 투출.

- 겨울 사주는 午未戌 중 한 字라도 있으면 의식주는 해결된다.

  일지에 午火 → 남편 덕이 있다. 戌 중 丁火는 丑중 癸水에 꺼지니 못
  쓴다.

- 比劫過多 : 돈 나가는 곳이 많다. 형제 많다(6남매).

  비겁이 많아도 합이 되면 형제간에 우애가 좋다. → 午戌合

  午 중 丙火와 丑 중 辛金이 暗合. → 우애가 좋단다.

- 女命 戊午일주, 男命 丙子일주는 배우자가 잘생겼다.

  陰陽殺(음양살)로 바람기가 있다.

- 月干에 劫財는 婚姻殺(혼인살) : 35세 이후에 결혼해야 한다.

- 원국에 財星이 없으면 月干이 부친 : 合去되는 운이 凶.

  → 甲午년에 부친 별세.

- 月干에 比劫이 있으면 대체로 부친 인연이 약하다.

- 남편은 일지에서 투출된 己丑이다(丑午暗合).

  → 꼼꼼하고 반듯한 사람이다. 고집 세다.

  庚金(상관)을 캐니 자영업 아니면 기술자

  → 자영업을 했단다.

- 일주와 시주는 2급 상순. 자식과의 친밀도는 강하다.

  → 자식(아들 1명)은 남편과 살아도 자주 연락하며 지낸다고 한다.

- 日時支에 天乙貴人(未)이 供挾(공협).

  어려운 일을 당할 때 주변 사람들이 도와준다.

- 戊土 : 형제의 묘, 고지라 형제 많고(6남매), 인연 없는 형제가 있다.

- 丑土 : 庚자식의 묘, 고지라 인연 없는 자식이 있다(유산 등).

- 丑(밤 귀신). 占. 발가락이 丑戌刑이라 왼쪽 발가락에 이상이 있을 수도.

  午(낮 귀신). 낮부터 밤까지 정신 잃을 때까지 술 마신다.

→ 본인은 술을 못 마신다고 한다.

- 土旺節에 태어나면 일단 甲木이 있는가를 보라.

  旺한 土氣를 눌러 주는 甲木이 있으면 일단 사주가 좋다고 보라.

- 초년 대운이 財대운이면 學魔財(학마재)라 공부 못한다.

  → 본인은 잘했다고 한다.

- 남자 오기 힘들다. 年干, 時干에 庚金이 있어 甲木이 오면 沖으로 깨고

  乙木이 오면 合去시키기 때문이다(庚金은 자식이요, 자신의 언행).

- 丙申년 : 일지 午 중 丙화 편인 투출.

  → 순전히 본인의 의지로 역학 공부를 한다.

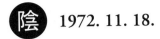 **1972. 11. 18.**

구름	큰 산		호수	
辛	戊	壬	壬	坤)
酉	子	子	子	

▶ 대운

65	55	45	35	25	15	5
乙	丙	丁	戊	己	庚	辛
巳	午	未	申	酉	戌	亥

▶ 통변

- 얼굴은 못생겼다. 전업주부다. 할 줄 아는 게 별로 없다.

- 丁未대운 戊戌년(2018년) 친정 부모로부터 800억을 유산으로 받았다고
  한다.

  ← 未(여름)대운에 북극의 많은 물이 녹아 범람하는데, 丙戌년 원국에 있
    는 戊土와 戌이 만나 제방을 쌓으니 댐 사주가 되었다. 이때는 水가
    돈이 된다. 戊戌은 어떠한 물도 다 막는다.

1978. 6. 25.

	첩첩산중		첩첩산중		
戊	戊	戊	戊	乾)
午	午	午	午	

▶ 대운

64	54	44	34	24	14	4
乙	甲	癸	壬	辛	庚	己
丑	子	亥	戌	酉	申	未

▶ **통변**

- 서울대 재학생이다.
- 밤마다 꿈을 꾸는데, 말을 탄 장수가 흙먼지를 날리며 창을 들고 본인에게 달려드는 꿈을 꾼다고 한다.
- 본 명식은 중국 삼국시대 촉한의 관운장 사주이기도 하다.
- 격국으로 보면 天元一氣格이요, 地支一氣格으로 貴格이다.
- 火土重濁으로 보면 道 닦는 命이요, 스님 팔자라고도 할 수 있다.
- 물, 형상으로 보면 午月의 첩첩산중에 말(午)을 탄 장군(戊午)이 칼(羊刃)과 창(戊)을 들고 흙먼지를 날리며 달리는 형상이다.

- 戊午는 활화산이다. 활화산처럼 맹렬하게 달리는 형상이다. 거칠 것이 없다.
- 午火는 귀신이다. 午時는 正午인데, 正午에는 그림자가 생기지 않는다. 귀신은 그림자가 없다 하여 午를 낮 귀신으로 본다. 午火는 天干으로는 丁火이다. 丁火는 예감이요, 영감이다.
- 神이 들린다면 장군신이 들릴 것이다.
- 초년 金 食傷대운은 旺한 일간을 설기하니 吉하며, 공부도 잘한다. 학생이 傷官대운은 공부를 안 하는데, 吉神일 경우에는 잘한다.
- 水대운은 財대운이라 돈을 잘 벌게 된다.

큰산	큰산	촛불	밭	
戊	戊	丁	己	坤)
午	子	卯	酉	

▶ 대운

75	65	55	45	35	25	15	5
乙	甲	癸	壬	辛	庚	己	戊
亥	戌	酉	申	未	午	巳	辰

▶ 통변

- 타로 상담을 하고 있으며 이혼을 했고 자식은 없단다.

- 이 사주의 특징이 있다. 子午卯酉가 다 있다. 여자는 子午卯酉가 다 있으면 사랑통에 빠져 죽는다고 했다. 寅申巳亥가 다 있으면 음란하고, 辰戌丑未가 다 있으면 고독하다. 그러니까 사랑 타령을 한다. 전부 도화이기 때문이다. 요즘에는 안 맞을 수 있다. 어찌 됐든 전혀 틀린 말은 아닐 거다.

- 이 사주가 子 중 壬癸水가 있는데 戊癸合을 했다. 子가 자궁이고 자궁이 돈이다. 그래서 내 몸뚱이로 돈을 버는 사주로도 볼 수 있다.

166 _____ 물, 형상 통변론

- 그런데 만약 子 중 壬癸水가 투출이 되었다면 좀 난잡하고 그렇게도 볼 수 있겠으나 여기는 地支가 전부 도화로 되어 있는데 천간에 투출된 건 丁火 하나밖에 없다. 印星이다. 도화를 전부 印星으로 쓰겠다는 얘기다.

- 그래서 공부만큼은 열심히 한 공부의 프로다. 丁火는 예지력이라 타로를 잘한다. 그래서 이 사람은 타로를 열심히 또 잘한다.

- 만약 酉 중 辛金을 투출했다면 傷官을 도화로 써 버리니까 좀 끼가 있었을 것인데, 印星을 도화로 투출했기 때문에 절대 사랑통에 빠져 죽을 사람은 아니다.

- 金캐는 사주인데 卯酉冲이 걸렸다. 바쁘게 산다는 의미도 있다. 그런데 子午卯酉는 災殺도 된다. 그래서 災殺冲이 되면 감옥에 갈 확률도 있다. 卯가 災殺이다.

- 애를 낳아도 산액을 당한다. 子卯刑 때문에. 그리고 여자는 子卯酉가 산액 글자인데 3개를 다 가지고 있다.

  그리고 이 사주는 혼전유산도 있다. 年月支에 卯酉冲이 있거나 年支에 偏印이 있으면 혼전유산인데 年月에 卯酉冲이 있다.

- 사실 원국에 子午卯酉가 다 있으면 冲으로 안 보지만 그래도 卯가 오면 卯酉冲이 된다.

- 金캐는 사주는 水가 돈이다. 壬申대운에 돈 번다. 壬水 偏財가 장생지를 깔고 왔다.

- 辛未대운에 좋았다고 한다. 돈도 벌고. 未土가 天乙貴人이다. 대운에서 천을귀인을 타면 품격 높은 사람을 만나서 도움을 받는다.

- 戊土옆에 丁火는 큰 산에 촛불을 켜 놓은 형상이라 우환은 있다고 본다. 그리고 戊戌. 말년에 첩첩산중에 외롭고 고독하다. 그래도 나는 일을 한다. 午火 羊刃이 있으니까 나이 들어도 계속 일을 한다.

촛불	큰 산	촛대	고목	
丁	戊	辛	甲	乾)
巳	子	未	午	

▶ 대운

73	63	53	43	33	23	13	3
己	戊	丁	丙	乙	甲	癸	壬
卯	寅	丑	子	亥	戌	酉	申

▶ 통변

- 경찰서장이다.
- 傷官 偏官이 있으면 경찰이 많다. 偏官이 깡패다. 傷官으로 깡패를 두들겨 잡는 거다. 그래서 傷官, 偏官이 원국에 있으면 경찰로 가는 경우가 많다.
- 丁巳는 조직 생활하는 사람들한테는 결재권이다. 간여지동으로 결재권이 크다. 결재권이 말년에 있으니 더 올라갈 수도 있는 사람인데, 대장암에 걸려 직무 수행이 안 되니 사표를 썼단다.
- 운시 : 申 – 대장이 안 좋다.

- 그리고 時干의 正印은 임대료다. 말년에 건물 임대료를 받고 산다. 巳
  火니까 사거리 번화가에 있다.
    → 현재 건물은 없지만 제주도 땅을 사 놓은 게 있는데, 그걸 팔아서 부
    산 해운대에다 건물을 사서 임대료를 받을 계획이란다.
- 또 時柱에 印星은 선출직도 된다. 간여지동으로 강하니까 최소한 시의
  원, 시의장은 될 수 있을 것이다.
- 辛金을 地支로 내리면 酉다. 酉는 스트레스도 되지만 태궁(兌宮)이다.
  기쁠 열(悅)자에서 나왔다. 그래서 日支에 酉金을 깔고 있는 사람들이
  기쁨조. 춤과 노래 중 한 가지 끼가 있다.
    → 노래를 잘 부른단다. 그래서 직원들이 항상 2차를 준비했었단다.
- 남자들한테 未土는 손 조작 솜씨다.
    → 음식 솜씨도 있고. 젊어서 뜯어 고치는 걸 많이 했단다.
- 남자들은 습이 많으면 순하고 정이 있다.
- 未월 삼복지절에 큰 산에 불이 나 버렸다. 이 불을 子水가 꺼 주고 있
  다. 처궁이다. 처덕으로 산다. 子水가 없으면 辛金이 녹아 버린다. 폐
  가 녹는다. 그런데 처 때문에 살았다.
- 子水가 이 사주의 핵이다. 그러니 항상 물가로 가면 좋다.

거목	큰 산	태양	구름·비·계곡	
甲	戊	丙	癸	坤)
寅	子	辰	丑	

▶ 대운

75	65	55	45	35	25	15	5
甲	癸	壬	辛	庚	己	戊	丁
子	亥	戌	酉	申	未	午	巳

▶ 통변

- 戊土에 甲木에 丙火 있으면 대국(大局)이라 했는데 여기는 甲木이 태양을 보려면 큰 산을 넘어야 되는 게 흠이다. 거기다 癸水가 흑운차일을 시켰다. 그러니 대국으로 가기가 힘들다. 글자 자체는 굉장히 좋은데 배열이 잘못됐다.

- 癸水 빼고는 다 좋은 글자들이다. 그러면 주변에 도와주는 사람은 많다.

- 天干에 丙戊癸가 있으면 여자는 미인이 많고 남자는 문장력이 좋다.

- 인진상노(寅辰相怒)가 있으니 머리가 좋다.

- 癸丑이 남편이다. 남편이 내 태양을 가려 버리고 남편은 偏官을 깔아서

성깔 좀 있다. 癸水 입장에서 丙辰이라는 正財를 썼으니 월급쟁이인데 백호의 직장이니 괜찮은 직장에 다녔다. 그러나 떨어져 살든지 각방 쓰든지 주말부부를 하든지 무슨 수가 있다.

→ 나이 차이가 있는데 남편이 바람을 피워서 일찍 이혼했단다.

- 戊癸合이니까 나이 차이는 있다. 癸水는 丙火를 엄청 좋아한다. 癸水가 丙火 있으면 돈과 여자를 엄청 밝힌다. 그래서 반드시 여난이 따른다. 그런데 그 여자하고도 破가 걸려서 깨졌을 것이다.

- 그런데 이 여자도 문제가 있다. 辰 중에서 癸水 내놓고 子 중에서 癸水 내놓고 戊癸合을 했는데 여자는 日支가 자궁이다. 辰土도 자궁이다. 내 자궁을 일찍이 밖에다 드러내 놓아 버렸다. 이렇게 되면 정조 관념이 약하다.

- 여자는 傷官대운을 타면 반드시 사회활동을 한다. 대개 傷官대운에 이혼을 많이 한다. 상관견관(傷官見官) 하면 반드시 남편한테 문제가 생긴다. 그래서 내가 사회활동을 하게 되는 것이다.

- 여자들은 酉대운이 가장 안 좋다. 日干과 상관없이 酉대운에 건강사, 가정사, 애정사가 반드시 일어난다. 더군다나 傷官대운이다.

- 이 사람은 자기 몸 관리, 건강관리는 잘할 거다.
  癸水는 正財인데 일찍이 내 명줄을 밖에다 내놓고 멀리서 내가 合을 했다. 이렇게 되면 건강관리를 잘한다. 正財는 제1의 명줄, 食神이 두 번째 명줄이다.

- 여기는 水를 돈으로 보면 안 된다. 돈은 甲寅이다. 丙火를 쓸 수가 없어 빛 좋은 개살구다. 水는 내 명줄이고 나의 활동 무대다.
  내 활동 무대는 癸丑이다. 癸丑이라는 조직에서 일을 한다. 그렇게 썩 좋은 회사는 아닌 것 같다.

호수	큰 산	바위	태양	
壬	戊	庚	丙	乾)
戌	子	子	寅	
(亥)				

▶ 대운

79	69	59	49	39	29	19	9
戊	丁	丙	乙	甲	癸	壬	辛
申	未	午	巳	辰	卯	寅	丑

▶ 통변

- 子월에 조상자리에서 태양을 비춰 주고 있으니 좋은 가문이다.

- 어려서 호랑이 노릇을 했는데 偏官이니 골목대장 좀 했다.

- 이 사주는 댐으로 물 막는 사주다. 水가 돈이다. 戊戌은 물이 아무리 많
  아도 다 막을 수 있다. 돈이 엄청 많다. 사업가 사주다.

  댐 사주는 굉장히 바쁘게 산다. 어떤 운이 와도 다 좋다. 단, 댐을 무너
  뜨리는 辰土 대운이 가장 안 좋다. 辰대운만 잘 넘기면 된다.

- 남자들은 甲대운이 오면 리더가 되고 싶어 한다. 그래서 승진이 안 되면 사표를 쓰는 경우가 많다.
- 이 사주는 甲대운에 사표 쓰고 사업해서 辰戌冲해서 한 번 망해 먹고 다시 재기하면서 성공하는 사주로 보인다.
- 운시 : 丑 – 天殺. 잘난 체를 한다. 기고만장. 종교 부정.
  辛金 – 역학, 무협지, 공상과학, 골프, 낚시를 좋아한다.
- 결혼은 아직 안 했는데 여자 친구한테 아기가 생겨서 같이 살지는 않고 생활비를 주고 살고 있단다. 2년 전에 법정 소송까지 갔었단다.
- 현재 직장은 중소기업을 다니고 있단다.
- 만약 사업을 하게 되면 유흥 쪽 사업을 할 것 같다. 子水가 도화이면서 물이면서 돈이다. 도화가 財다. 도화가 財인 사람들은 대개 유흥 쪽에서 돈을 번다. 또 地支가 전부 밤 글자니까 밤에 물장사. 유흥업소에서 큰 돈을 벌 것 같다.
- 도화가 財인 사람들은 또 자기 끼로써도 돈 번다. 도화는 프로다.
- 天干이 모두 陽干으로 되어 있다. 그러면 불굴의 의지가 있다.

거목	큰 산	호수	기암괴석	
甲	戊	壬	辛	乾)
寅	子	辰	巳	

（丑）

▶ **대운**

72	62	52	42	32	22	12	2
甲	乙	丙	丁	戊	己	庚	辛
申	酉	戌	亥	子	丑	寅	卯

▶ **통변**

- 엄마는 은행에 다녔고 아버지는 사업해서 부자였단다.

- 辰월에 壬水가 굉장히 강하다. 子에 根이 있고 거기다 辛金이 구름 역할을 해서 결코 좋은 집안으로 보이지 않는다. 거기다 年干이 傷官이면 가문을 치고 나왔기 때문에 대체적으로 가난한 집안이다.

- 이 사람은 丙戌대운에 큰돈을 벌었을 것이다. 맞단다. 甲木이 丙火보고 꽃을 피웠고 戊土가 戌土 根이 오면 물을 막는 사주가 된다. 그러면 木도 돈이고 水도 돈이다. 여러 가지 사업을 해서 돈 많이 벌었을

것이다.

- 원국 자체로는 빛 좋은 개살구인데 丙戌대운에만 황금기를 만난 거다.
- 己丑대운에 부인이 죽고 파란만장한 삶을 살았단다.
- 亥子丑 대운까지는 굉장히 힘들다. 물도 못 막고 원국에 火도 없는데 亥子丑으로 오면 눈보라만 치고 있으니 나무도 못 키우고 굉장히 힘들다가 丙戌대운에 대박이 났다. 그러다 乙酉, 甲申 타면서 서서히 내리막을 탄다.
- 戊土가 감옥이다. 戊대운이 오면 단체하고 싸움을 한다. 일 대 다수의 싸움이다.
  → 이 사람은 감옥도 갔었고 첫 부인도 일찍 죽었는데 도저히 사주로는 맞히는 사람이 없었단다.
- 첫 번째 부인이 낳은 아들을 두 번째 부인이 키워 주었다고 재산은 무조건 두 번째 부인한테 다 해 준단다.
- 첫 번째 부인은 壬辰이다. 戊土는 壬辰 때문에 허물어진다. 부인 때문에 수다토류(水多土流)되어 버렸다. 辰土가 戊土 根인 줄 알았더니 水局을 짜 버렸다. 그러니 처덕이 없다.
- 두 번째 부인은 甲寅이다. 사람은 반듯하고 자존심은 센데 별로 애교는 없다. 두 번째 부인은 31살에 자기 발로 들어와서 둘째 부인이 됐단다.
- 이 사주에서 감옥 가는 것은 아무리 봐도 안 나온다. 감옥 가는 사주는 傷官見官운, 偏官세운, 月支冲(특히 災殺冲), 그다음에 三刑殺운이다. 그런데 하나도 해당되지 않는다.
- 34살에 감옥에 갔었단다. 戊子대운이다. 이 戊土가 교도소 담장이다. 그리고 子대운에는 재판을 하면 무조건 증거불충분으로 패소한다. 그래서 子대운에 승소하려면 속전속결해야 된다.

- 그런데 이 사주는 壬水를 일간대행으로도 볼 수 있는 사주다. 羊刃을 깔았고 羊刃 위에 偏官이 있으니까 굉장히 세다. 戊土는 자식도 되고 직장도 되는데 내 칼날 위에 있으니 자식들이 불안불안하다. 직장에서도 검·경에 불려 갈 일이 생긴다.
- 壬辰을 일간대행으로 봐도 맞다. 왜냐하면 辰이 子辰 水局으로 가 버렸기 때문이다.

제六강

己土

칼·촛대	논밭	칼·촛대·자갈·보석	
辛	己	辛	辛 坤)
未	酉	丑	酉
	文昌		文昌

▶ 대운

63	53	43	33	23	13	3
戊	丁	丙	乙	甲	癸	壬
申	未	午	巳	辰	卯	寅

▶ 통변

- 박사 학위 준비 중인데, 현실적으로 어렵다고 토로한다.

  미혼으로 결혼 생각은 없다고 한다.

- 운시 : 壬 - 장거리 여행을 좋아한다.

  寅 - 일처리가 깔끔하다.

- 문창성을 깔아 총명하며, 辛金으로 문창성이 투출되어 교직이 적성이다.

  → 과외 선생을 좀 했다고 하며, 수의대(獸醫大)를 가고 싶다고 한다.

- 女命이 食傷이 많으면 자녀가 많은 형상인데, 食傷이 忌神(기신)이라

자녀 갖고 싶은 생각은 별로다. 그래도 食傷이 旺하면 친척집 애(조카 등)를 돌보고 싶어 한다. 그렇지 않을 경우 애완동물을 선호한다.

→ 고양이를 좋아하냐고 물었더니 그렇다고 한다. 왜일까? 사주가 냉하 면 냉한 동물인 고양이를 좋아하고, 사주가 따뜻하면(熱) 따뜻한 동물 인 애완견을 좋아한다.

- 辛金은 피부인데, 天干에 金이 많으면 피부 트러블이 있다.

→ 예전에 그랬는데 지금은 좋아졌다고 한다.

- 본 명식의 核은 未土이다. 겨울철에 未土는 地支의 丁火로 따뜻한 난 로다. 時支에 있어 말년복이 있고 자녀복이 있다.

- 丑月生은 地支에 午, 未, 戌 한 글자만 있어도 의식주는 해결된다. 이때 丑土는 동토(凍土)가 아닌 金庫(금고)로 간다. 하여 알부자가 많다.

- 天干에 丙, 丁火가 없으니 외모는 차갑게 느껴진다. 얼굴에 온기(火氣) 가 없다. 그래도 집에 들어오면 未土가 있어 따뜻하다.

- 辛辛 : 고초살이다. 食神이라 자녀, 하는 일, 진로 때문에 고초를 겪는 다. 또한 칼과 칼이 부딪히는 형상이라 몸에 흉터가 있다(있다고 함). 地支로는 酉酉 刑殺이다. 酉는 균이요, 바이러스다. 고로 세균성 질환 에 조심하라.

- 酉金은 스트레스 글자다. 酉丑合으로 局을 이루었으니 스트레스를 많 이 받는다. ← 마음공부로 스스로 다스려라.

- 한겨울에 天干에 辛辛이 있으면 어렸을 적에 감기·천식을 달고 산다.

- 일지에서 투출된 食神(辛)은 내 명줄이다. 일찍이 명줄을 밖으로 내놨으 니 역시 어렸을 적 잔병치레를 많이 한다. 나이 들어가면서 건강에 매우 예민해져서 건강관리를 잘한다.

- 酉金은 兌宮(태궁)이라 춤과 노래 중 한 가지는 잘한다.

→ 예전에 마니아였는데 지금은 자중하고 있다고 한다.

　　兌宮은 입과 음식이라 입(말)로 벌어먹고 살든지, 아니면 음식장사를
　　할 수도 있다.

- 年月日支까지는 巳酉丑 金운동하다가, 말년에 亥卯未 木운동을 하니
　인생에 큰 변화는 없다. 단, 金과 木은 정반대이니 말년에 완전히 다른
　인생을 살게 된다.

- 삼동지절에 火가 약하니 丁火(촛불)을 켜 놓는 게 좋다.

　→ 모친이 불교 신자라 항상 집안에 촛불을 켜 놓는다고 한다.

- 土와 金으로만 이루어졌으니 体用法으로 볼 수 있다.

　土를 体로 보면 金(食神)을 쓰고, 金을 体로 보면 己(偏印)를 쓰니 자격
　증을 활용하는 프리랜서나 라이센스로 먹고사는 명식이라 할 수 있다.

- 현재 巳(印星)대운이라 공부를 하고 싶어 한다.

　巳酉丑 金局(스트레스 국)을 이루니 스트레스를 많이 받는다. 그래도 여
　름으로 조후가 보완되니 좋다.

　본격적으로 丙午, 丁未대운이 좋다.

약초	밭	비	큰비

乙　己　癸　壬　　乾)

丑　亥　卯　戌

文曲

▶ 대운

46	36	26	16	6

戊　丁　丙　乙　甲

申　未　午　巳　辰

▶ 통변

- 재벌 2세다.

- 木 키우는 命이다. 木이 根이 있어 약초다. 값이 나간다.

　亥 중의 甲木도 卯가 있어 살아 있다. → 甲木의 長生地 역할을 한다.

- 財官만 있으니 바쁘게 산다. 人生의 목표가 분명하다.

- 天干의 財 : 명예 財.

　地支의 財 : 실질적인 財.

- 명줄 : ① 일지에서 투출된 正財. ② 일지에서 투출된 食神. ③ 신약할

때 印星.

큰산	밭	큰산	난로	
戊	己	戊	丁	坤)
辰	卯	申	酉	
	文曲	天乙		

▶ 대운

71	61	51	41	31	21	11	1
丙	乙	甲	癸	壬	辛	庚	己
辰	卯	寅	丑	子	亥	戌	酉

▶ 통변

- 운시 : 酉 – 미인. 폐, 食神이라 자신의 건강이나 자식이 화두, 자식이
  스트레스. 日支沖이라 부부 이별수.

- 첫 남편과 이혼 후 재혼했다. 애를 못 낳는다.
  → 자식궁이 백호에 食傷이 공망이라 자식 인연 없다.

食傷이 연이어 있으면 남의 자식 키워 본다.

- 戊戌年(2018년)에 폐암 말기 진단받고 약물 치료 하고 있다.

  → 申酉戌 : 戌은 金을 가두고 겨울(水)을 열어 준다.

- 戌 : 火庫로 火의 氣를 죽이고, 金을 가두기 때문에 金의 물질을 죽인다.

- 時柱가 백호인데 자식이 없으니 본인이 백호살을 받는다.

  戊戌년에 辰 중 戊土 투출 → 백호 발동.

  申 중 戊土 투출 → 傷官 발동.

호수	밭	큰 바위 · 우박 · 철탑	

壬　　己　　庚　　庚　　坤)

申　　酉　　辰　　午

天乙

▶ 대운

53	43	33	23	13	3

甲　乙　丙　丁　戊　己

戌　亥　子　丑　寅　卯

▶ 통변

- 머리가 총명하고 학창 시절엔 공부도 열심히 하였다. 官대운을 탔기 때문이다. 특히 수학을 잘한다. 운시가 子나 卯이면 수학을 잘한다.
- 꼼꼼하고 메모 잘하고 표현력이 좋다.

  예민하여 살이 찌지 않아 몸매는 날씬하다. 일지에서 庚金 傷官을 투출하여 내 몸을 설기하기 때문이다. 그러나 水대운에 들어서면 몸이 비만으로 갈 우려가 있다.

  온순한 것 같지만 마음속엔 칼을 차고 있으며 매우 실속파이다. 일지 酉

중 辛金 비수가 있다.

일하면서 스트레스도 많이 받는다. 酉는 스트레스 글자.

- 年月에 傷官이 2개나 떠 있으니 남자 들어오기도 어렵고, 말이 앞서고 경우에 따라서는 하극상도 일으킬 수 있다.
- 申酉(신음살)이 있어 몸이 조금만 아파도 끙끙댄다. ← 서방으로 창문을 내면 돈 나간다.
- 天干은 食神과 財로만 되어 있으니 온통 생각은 돈 벌 궁리만 하게 된다. 그러나 食傷이 凶이요, 病이니 행동은 따르지 않는다.
- 본 명식의 核은 午火인데 辰土가 火氣를 다 설기해 버리니 쓸 수가 없는 것이 아쉽다. 하여 나이 들어 갈수록 모친에 대한 불만이 쌓여 간다.
- 본 명식은 金이 일주의 病이다. 藥神(약신)은 丁화(午)인데 너무 약하여 쓸 수가 없고, 운에서도 火運이 오지 않은 게 凶이다.

  水도 藥神(약신)이 되는데 水는 쓸 수가 없다. 바로 己土를 탁수시키기 때문이다. 다시 말하면, 돈을 벌면 건강을 해치게 된다.

- 己土 田畓(전답)은 자갈밭인 데다 철탑이 2개나 들어서 있는 형상이요, 3月의 전답에 때 아닌 우박이 쏟아지고, 장대비까지 쏟아지니 어찌 농사를 짓겠는가?

  그런데 運路(운로)도 겨울철 水運으로 흐르니 폭설을 맞는 형국이다. 한마디로 되는 일이 없으니 앉아서 악만 쓰는 모양새다.

- 사주의 대세는 金 食傷이니 金을 떠나서 살 수 없다. 하여 言辯術(언변술)이나 남을 가르치는 직업으로 가면 좋다. 자갈밭에 木을 심을 수 없으니 官生活은 애당초 적성에 맞지 않다.

  또는 火에 관한 직업도 적성이다. 전기전자, 컴퓨터, 인터넷, 화장품, 난방기구 등.

- 金이 많아 病이 되고 있으니 감기·대장·치질·축농증 등에도 유의해야 한다.
- 己壬 탁수 : 신장에 돌이 들어간 형상이라 신장이 안 좋은 경우가 많고, 여자는 호된 시어머니를 만난다. 전생의 원수다.

 1978. 5. 17.

철광석	논밭	불	활화산	
庚	己	丁	戊	乾)
午	卯	巳	午	
	文曲			

▶ 대운

67	57	47	37	27	17	7
甲	癸	壬	辛	庚	己	戊
子	亥	戌	酉	申	未	午

▶ 통변
- 土(戊, 己)는 항상 木과 金을 먼저 보아야 한다.

卯木은 午卯破가 되어 木을 심을 수 없다. 庚金 캐는 명식이다. 이때는 水가 돈이 된다. 신왕한 命에서 庚金은 아주 좋은 작용을 한다. 논밭을 간다. 사금(砂金) 캐는 형상이다. 庚金이 본 명식의 核이다. 신약한 命에서 庚金은 논밭에 철탑이나 큰 바위가 있는 형상이라 농사짓는 데 큰 장애가 된다.

- 丁火는 偏印으로 전문 자격증인데, 根이 있어 국가공인자격증이다. 고로 국가 전문자격증으로 庚金 傷官을 쓰는 명이다. 프리랜서나, 라이센스로 가는 命이다.

  → 실제는 직장 생활을 한다고 한다.
- 天干의 土金傷官이라 머리는 총명하다.
- 己卯일주는 문자 그대로 기묘하다. 알쏭달쏭 예측불허하며 괴팍하다.
- 庚金 傷官이 核이라 27세 庚申대운부터 잘나간다.
- 壬대운은 丁壬合이 되어 용신기반이 되어 사기를 당하게 된다. 또한 문서와 돈이 묶이게 된다.
- 戌대운은 午戌火, 巳戌 귀문, 卯戌火, 午戌火로 火가 강해지니 자칫 본 명식의 核인 庚金이 녹을까 위태롭다. 역시 己土가 조열해지니 마른 당뇨도 크게 염려된다. 또한 일간이 강해지니 강력하게 庚金을 쓰게 되니 매우 바쁘게 산다.
- 亥, 子대운은 財대운이라 돈을 잘 벌게 된다.
- 土일간이 旺하면 대체로 게으른데, 본 명식은 傷官이 核이라 부지런하다.
- 직장 생활을 하게 되면 직장 변동수가 많다. 官이 하나(卯) 있는데, 午卯破가 되어 있기 때문이다. 官殺混雜(관살혼잡) 사주나 無官 사주는 직장 변동수가 많다.

- 처는 누구인가?

  우선 일지 배우자궁에서 천간에 투출한 오행을 본다. 투출신이 없다. 그러면 合神을 본다. 巳 중 庚金과 일지 卯 중 乙木과 合을 하고 있어 월주 丁巳가 처가 된다.

  처는 간여지동이라 반듯한 사람이다. 偏印이라 잔소리 꽤나 하는 형상이다. 처는 한쪽은 戊土 傷官이요, 또 한쪽은 己土 食神이라 똑똑하고, 재욕(財慾)이 강하다.

- 庚子年 세운을 보면, 巳 중에서 庚金이 나왔다. 巳는 인수요, 월지라 환경궁이다. 천간의 庚金 傷官이 발동 걸린다.

  年支를 子午沖 → 외국 갈 일이 있다. 외국은 평상시에도 많이 다닌다고 한다.

  子卯刑 → 財와 官이 刑이라 직장에서 돈 때문에, 직장 때문에 신경 쓸 일이 많고 스트레스를 많이 받는다.

- 己土 자체가 쌍나팔이라 말을 잘한다. 庚金 傷官이 核이라 말을 더 잘할 것이다. 庚金 상관이 午 도화와 祿地를 깔았으니 말발이 아주 세다고 볼 수 있다.

  → 현재 회사에서 강의를 한다고 한다.

- 공대를 나왔다고 한다.

  庚金(철광석, 철제류 등)을 쓰니 공대를 나왔을까?

 1954. 6. 13.

보석	논밭	보석	오곡백과	
辛	己	辛	甲	乾)
未	巳	未	午	

▶ 대운

69	59	49	39	29	19	9
戊	丁	丙	乙	甲	癸	壬
寅	丑	子	亥	戌	酉	申

▶ 통변

- 己土일간의 할 일 ① 辛(금광)을 캘까? ② 甲木 키울까?

  이렇게 되면 직업에 갈등이 많다.

- 처음엔 甲木을 키운다. 월주가 가로막아 방해가 있다.

  고로 甲木(직장 생활) 하기는 수월치 않다.

  → 직장 생활 조금 하고 그만두었다고 한다.

- 여기서 돈은 甲木과 未 중 乙木이다. 乙木은 未土 속에 있으니 부동산
  이 많다. 採根食品(채근식품)이다.

  未土는 아파트나, 주택으로 보라. → 집이 두 채 이상이다.

- 금광을 캔다.

  ① 신강한 命은 논밭을 갈다가 砂金(사금)을 캐고, 길을 가다가 금반지를 줍는다. 고로 횡재수가 많다.

  ② 신약한 命에서는 논밭에 자갈이 많아 농사짓기 힘들다. 고로 수확할 것이 없으니 가난하다.

- 삼복더위 未月에 木을 키워야 하는데 물 한 방울이 없다. 未 중 乙木은 괜찮으나, 甲木은 말라 가고 있다. 이런 경우 술이 체질에 맞으면 술을 매우 좋아한다.

  → 실제로 술고래하고 한다. 원국에 水가 없어서 水를 찾는 게 아니라 水가 꼭 필요하기 때문에 찾는 것이다.

- 天干은 생각인데, 일간 옆에 食神만 있으니 生財하기 위한 생각(재욕)은 많은데, 地支에 食傷이 없으니 행동이나, 실천은 없다(地支는 행동이나 실천이다).

- 초년에 직장 생활을 잠깐 하고 이것저것 안 되니까 戌대운 말에 처가로 들어가서 亥子丑대운에 장인 덕분에 재산이 많이 생겼다고 한다. 희한 하게 놀고 있는데도 재산이 많다고 한다.

- 연극을 전공하여 처음엔 꽤 잘나갔는데, 戌대운에 처가 꼴을 못 봐서 그만두고 자기 재량껏 못 살았다고 한다.

- 戌대운이 아주 안 좋다. 午戌火局에 木이 말라 가고 있기 때문이다.

- 水대운(亥子丑)에 돈을 번다. 조열한 땅에 물을 적셔 주니 木이 활발하게 잘 자란다. 농사가 잘되는 형상이다.

- 寅대운에는 寅午火로 가니 未 중 己土가 더 조열해진다. 그러면 마른 당뇨로 간다. 寅未귀문에 寅巳刑이 되니 건강관리를 잘해야 된다. 辛金도 녹아 가니 폐에 문제가 온다.

- 처는 일간 己土와 合을 한 甲午다. 나와는 巳午 방합을 했으니 같은 지역에서 만나게 된다. 辛金이 있어 매우 예민하다. 상관 도화를 깔아 똑똑하다. 원국에서도 甲木이 조열하여 버티기 어려운데, 戌대운에 더욱 힘들게 되니 부부싸움 많이 할 수 있다.

  → 실제로 부부싸움이 엄청 심했다고 한다.

    자녀도 甲午라 엄마 닮게 된다.

  → 딸이 둘인데 둘 다 엄마를 닮았다고 한다.

- 酉대운엔 辛金이 힘을 받으니 직장 생활도 하고, 연극 활동도 잘하게 된다.

- 띠가 子午卯酉生들은 旺地라서 장남이 아니라도 부모가 꼭 뭔가를 물려주려 한다. 年干이 甲木이라 장남이다.

- 己土 자체가 쌍나팔이라 말을 잘한다.

- 남명이 운시가 상관이면 말을 잘한다. 말이 많은 만큼 구설수가 있을 수 있으니 말을 조심하라.

  사업 수완도 좋다. 평생 주머니에 돈은 떨어지지 않는다.

큰 산	논밭	태양	약초	
戊	己	丙	乙	乾)
辰	丑	戌	丑	

▶ 대운

63	53	43	33	23	13	3
己	庚	辛	壬	癸	甲	乙
卯	辰	巳	午	未	申	酉

▶ 통변

- 己土가 戌월 辰시에 태어났다. 이 사주, 돈이 있을까 없을까?

- 戌月에 乙木은 무조건 약초로 봐라. 丙火 태양 보고 꽃을 피웠다. 乙木은 丙火를 봐야 영화가 있다.

  그런데 戌은 火의 庫地로 화로인데, 戌月에는 맹렬한 화로다. 보일러다. 하여 地支에 반드시 조후가 되어야 한다. 辰, 丑土로 조후가 되어 있다. 조후가 되어 있지 않으면 가정이 적막한데, 조후가 되어 있어 그렇지 않다.

- 그런데 문제는 있다. 이런 사주는 비겁과다로 간다. 戊土는 든든한 배경

도 되지만, 겁재의 흉의(凶意)도 있다. 비겁과다라 돈 나갈 데도 많다.

- 丑이라는 글자 자체가 일복이요, 고집이다.

  끌어 모으기 좋아하며, 끈기가 있어 땅 부자도 많다.

  辰土 빼고는 모두가 밤 글자다. 밤늦게까지 일하는 형상이다.

- 辰土는 욕심의 글자요, 다재다능이요, 식탐이며, 외국 인연이다. 丑戌刑, 丑辰破가 있어 인덕은 별로 없다.

- 대운도 火(여름), 木(봄)으로 간다. 농사짓기 좋고 약초도 잘 자란다.

- 運始(운시) : 乙木 말 잘하고 동네방네 돌아다니기 좋아한다.

  2박3일 정도의 짧은 여행을 좋아한다. 새는 멀리 못 날아가기 때문이다.

- 운시 酉는 스트레스 글자다. 무엇 때문일까? 食神이라 하는 일 때문이다. 폐가 안 좋다. 원국에 戌土가 있어도 폐가 안 좋다.

- 己土가 丙火 태양을 봐서 인물은 잘생겼다.

- 己丑일주. 己는 善(선)을 주관하고, 丑은 惡(악)을 주관하는 神이다. 그래서 항상 선악을 구분해서 이해득실을 따지려 한다.

  논밭을 가는 소. 어딜 가나 일복은 많다.

- 결혼은 했고, 외근직 직장을 다닌다. 그런데 내근직으로 들어오려고 한다고 한다. 그런데 이 사주는 내근직이 잘 맞지 않고 외근직이 좋다. 왜냐하면 일간이 강하기 때문이다. 旺한 五行은 반드시 설기를 해야 하기 때문에 많이 움직여야 한다. 그래서 외근직이 좋다.

  印星이 필요한 사주는 내근직이 좋고, 食傷이 필요한 사주는 외근직이 좋다. 외근직이라 유통이나 영업으로 뛰어다녀야 한다.

- 그렇게 큰 회사로는 보이지 않는다. 왜냐면 乙丑이 내 직장인데 乙木이 丑土(凍土, 자갈土)에 뿌리내리니까. 그런데 이름 있는 제약회사에 다닌다.

- 이 사람은 후일 결재권은 크다. 경력이 짧아서 아직은 결재권이 없다고 한다. 조직 생활을 하는 사람들은 印星이 결재권인데, 印星이 丙戌 백호라서 앞으로 결재권이 상당히 클 거다.

- 戌이 卯酉戌 약병인자(藥病因字)도 되지만, 乙木이 戌月에 태어나면 약초다. 약초는 사람을 살린다. 그래서 제약회사는 인연이 된다.

- 비겁과다 사주가 格이 좋으면 정치인, 변호사요, 좀 처지면 스포츠 선수요, 下格은 내 몸 깎아서 벌어먹는 막노동꾼이 많다.

  → 체대 졸업해서 운동, 헬스장 트레이너해서 돈을 벌다가 제약회사에 들어갔다고 한다.

- 金 食傷이 없는데도 운동선수를 했다. 食傷은 전부 丑 중 辛金, 戌 중 辛金 지장간 속에 있는데…. 申, 酉대운에서 잘 쓴 것 같다.

- 이 사람은 공부는 못했고, 남을 때려서 상처 입히고 그랬다고 한다. 원래 신왕한 戊土가 金,木이 없으면 막가파가 많은데, 己土도 신왕하니 막가파를 한 듯하다.

  여기서 맞춰 보자면 丑 중 辛金, 戌 중 辛金이 날카로운 칼인데 전부 지장간에 있으니 칼을 숨겨 놓은 형상이다. 또한 辛金이 食傷이니 말로 상처 입히고, 때려서 상처 입히는 형상으로 봐야 한다. 丑, 戌이 밤 글자이니 밤에 때렸다고 봐야겠다.

- 35세 壬午대운에 들어왔는데, 午는 印星이라 내근직으로 가려 하는 모양이다. 대운에 따라서도 변화는 온다.

- 乙木이 약초라 값나가는 돈인데, 대운이 여름·봄으로 가니 좋다.

- 戌이 있는데 午가 오면 火가 강해지는 것이 아니라 午火가 힘을 못 쓰는 거다. 戌화로에다 午火불을 잡아넣어 버리기 때문이다. 그래서 午火가 凶작용을 할 때는 좋고, 午火가 吉작용을 할 때는 오히려 凶이 된다.

- 午가 있는데 戌이 오면 午戌火로 火가 강해진다고 보라.
- 戌은 丙火의 墓地(묘지)도 되지만, 그냥 戌月의 辰時의 태양으로 보면 된다. 태양이 묘지로 들어간다고 해서 죽겠는가? 책에는 뭐라고 되어 있나. 申酉戌의 丙火는 日落西山(일락서산)이라. 서산 너머 지는 태양이다. 물론 그것도 맞지만, 그런 식으로 통변하면 안 맞는 경우도 있다.
- 丑土는 己土의 묘지다. 丑戌형으로 열려 있으니까 인연 없는 형제도 있다. 요즘에는 의술이 발달하여 아이가 죽지 않는다. 옛날사람들은 잘 맞지만, 요즘은 잘 안 맞다. 그래서 요즘은 엄마가 유산을 좀 했네 하면 맞다.
- 이 丑戌이라는 글자 자체가 인덕이 없는 글자다. 이렇게 丑戌이 붙어 있으면 인덕이 없고 남하고 다투기를 잘한다. 지장간 속에서 辛金 칼 들고 다투는 형상이다. 그러니까 젊은 시절까지는 남하고 다투기를 잘한 거다. 밤 시간에 다투고, 칼싸움하고, 그래서 인덕이 없다.
- 丑辰破는 갈등이다. 갈등의 골이 깊다. 비겁이니까 친구들과 갈등의 골이 깊다. 주변 사람도 된다. 이렇게 비겁과다면 인덕이 없다고 보라.
- 내년에 庚子년이 온다. 좋을까? 나쁠까?
  신왕한 사주라 설기운은 좋다. 庚金 傷官을 아주 잘 써먹으니 능수능란하게 잘 처리해 나간다. 그런데 子를 달고 왔다. 子丑合, 子戌, 子丑合水. 水財가 강해지니, 능력 발휘 잘하면서 돈은 잘 벌겠다.
- 처는 누구인가? 일지 丑 중에서 투출신이 없다. 그러면 合神을 보라. 丑戌은 刑이 걸려 있다. 合神도 없다. 丑戌刑, 丑丑刑, 丑辰破.
  결혼은 33살에 했다고 한다. 그러면 時柱 戊辰이 처다. 辰중 乙木 자식이 있으니까. 같은 土라 친구 같은 부부 사이다.
  戊辰 처는 財庫를 깔고 있어 돈이 많다. 그런데 부부 사이는 丑辰破가

되어 갈등 요소가 많다. 또한 破라 허리띠로 바위를 치는 형상이라서 별 것도 아닌 것 가지고도 싸움을 벌인다.

- 엄마가 丙戌이고, 부친이 乙丑이다. 엄마가 月干 부친자리에 있으니 엄마가 집안에서 좌지우지하고 있다. 백호라 한 성깔 있고 똑똑하다.

  부친 乙木도 丙火 보고 꽃을 피웠으니 부친이 예술성도 있고, 인물이 잘 생겼다고 본다. 乙木은 丑土에 뿌리내리면 삶이 고달프다. 부친 입장에서 보면 재다신약이다.

  → 아버지가 많이 아프다고 한다. 丑土에 뿌리내리고 많은 土에 둘러싸여 있으니 우울증에 온몸이 아픈 형상이다. 실제로 심근경색이라고 한다. 木이 근육, 신경, 횡경막 등 막의 종류이니, 乙木의 病이다.

- 아버지가 엄마한테 꼼짝 못할 것 같다. 엄마가 乙木 아버지의 묘지 戌土를 가지고 있기 때문이다. 아버지가 까불면 언제든지 戌묘지에다 잡아 넣어 버리게 된다. 이렇게 되면 아버지가 엄마한테 고분고분하게 된다.

- 군대 생활을 계속했으면 어떨까?

  土가 많으니까 육군이다. 비겁이 많으니 경쟁자가 많다. 군인들은 食傷이 있어야 한다. 군인들에겐 食傷이 부하이기 때문이다. 食傷이 없으면 거느리는 부하가 없는 형상이다. 地支에 土는 중앙土이기 때문에 군 생활을 하게 되면 본부나 사령부 근무를 하게 된다.

  → 실제로 본부에서 사무직으로만 근무했다고 한다.

- 신강사주에 水가 돈이라고 보면 안 된다. 그냥 乙木 약초 키우는 命이다.

약초	밭	우박	서리	
乙	己	庚	辛	坤)
丑	卯	子	未	
寅	文曲	天乙		

▶ 대운

61	51	41	31	21	11	1
丁	丙	乙	甲	癸	壬	辛
未	午	巳	辰	卯	寅	丑

▶ 통변

- 이 사주는 한마디로 말하면 먹고살 만한 사주일까?

  年支 未土 때문에 사주가 살아났다.

  子丑月에 午, 未, 戌은 겨울의 난로다.

  年支에 있으니 어린 시절 부모의 덕으로 유복하게 자랐다.

- 월급생활자인가?

  → 유치원 선생님 하다가 작년에 쉬고 다시 유치원으로 갔다고 한다.

- 天干에 食神, 傷官이 있으면 직업변동수가 있다. 처음에는 좀 따뜻한

곳(未), 즉 남쪽 방향에서 근무했다고 보고, 두 번째로 들어간 데는 북쪽에(子) 있는 추운 곳으로 볼 수 있다.

- 나의 하는 일이 식신, 상관이다. 食傷이 地支에 무얼 깔고 있는가를 보라. 처음에 직장인 食神(辛)은 未를 깔아서 따뜻한 남쪽이다. 직장에 가려면 겨울에 큰 바위(庚)를 넘어가야 하는데 다니기가 힘들었을 것이다. 食神을 썼으니 기교가 없이 원칙대로 일했을 것이다.

  두 번째 직장은 傷官(庚)을 썼으니 기교를 부렸을 것이다. 나와는 子卯刑을 하니 조정하고 신경 많이 쓰이고, 스트레스를 많이 받게 된다.

  己土일간이 신약한가, 신강한가?

  신약하다. 이럴 땐 庚金은 밭에 큰 바위, 철탑이요, 辛金은 자갈이라 凶작용을 한다. 食傷이 凶이니 하는 일이 매우 힘들고 하기 싫었을 것이다.

  金의 기운은 어떤가? 수렴이라 가라앉는 기운이다. 그러니 항상 얼굴이 처져 있는 형상이다.

- 만일 결혼하게 되면 자식이 빵점이다. 자식 낳고 기운이 더 내려앉으며, 남편과 헤어질 수도 있다. 이런 사주는 결혼을 늦게 해야 한다.

  → 아직 미혼이라고 한다.

- 天干에 火가 없다. 그러면 얼굴에 온기나 화색이 없다. 겨울이라 더욱 그렇다. 개운법으로 화장을 좀 분홍색 계통으로 화려하게 하라.

- 결혼하게 되면 남편이 時柱 乙丑이 된다. 일지 배우자궁 卯에서 時干으로 乙木을 투출했기 때문이다. 내 몸에서 자식자리로 투출시켰으니 남편을 자식처럼 챙겨 준다. 자식을 낳아도 꼭 남편 닮은 자식 하나는 낳는다. 남편은 丑土에 뿌리를 내리면 고달프니 항상 나의 일지 卯에 根을 하려 한다.

나 역시 남편자리인 丑土에서 투출했기 때문에 남편도 나를 잘 챙겨 준다. 상대방의 地支에 根을 두기 때문에 서로가 서로에게 잘해 준다. 그러나 남편은 나의 墓地(묘지)를 깔고 있기 때문에 나는 남편에게 고분고분하게 된다.

- 일지와 시지 사이에 寅이 공협되어 있다. 중년 이후 생각지도 않은 官을 쓰게 된다. 공협이란 '생각지도 않은, 뜻하지 않은'이란 의미를 담고 있다. 또는 寅 중 甲木과 甲己合을 하기 때문에 생각지도 않은 애인을 둘 수도 있다.

- 지금 남자 친구랑은 자주 싸우고 헤어졌다가 또 만나곤 한다고 한다. 학교 다닐 때 건너건너 알았던 친구란다.

  지금 남친은 辛未로 봐야 한다. 중간에 庚子가 가로막고 있다. 한번 만나려면 큰 바위를 넘어가야 하는 형상이니 쉽지는 않다. 그래도 卯未合을 했고, 未라는 따뜻한 글자를 가지고 있으니 쉽게 헤어지지도 않는다. 결국은 乙丑과 결혼하게 되어 있다. 사주의 구조상 지금 인연이 결혼은 아닐 확률이 높다. 만일 결혼하게 되면 월주의 방해로 세월이 흐를수록 사이가 벌어지게 된다.

- 부모는 잘 산다고 한다.

  그런데 운시가 丑未冲을 하게 되면 부모 이혼수는 있다고 보라.

  庚子가 부친이고 辛未가 모친인데, 庚金은 辛金을 보면 헛짓거리를 하게 되고, 辛金은 庚金을 보면 굉장히 예민해지는데, 그래도 지지끼리는 子未원진이 되어 잠자리는 매우 좋다고 보면 된다.

- 엄마가 아버지 회사에서 일을 도와주고 있다고 한다.

  그러니까 원진 관계라 애증이 교차하는 형상이다.

- 본 명식에서 무엇이 돈인가?

水가 돈이 아니라 乙木을 키우는 사주라 木이 돈이다. 그런데 가장 중요한 火가 없다. 그러니까 여름대운(巳午未)에 잘나간다. 나무 키우는 사주에선 子未는 辰土로 변한다. 고로 본인에겐 원진 작용이 약하다.

만일에 木을 키우는 사주가 아니라면 子未는 원진으로 가니 학창 시절에 또라이 짓을 하게 된다.

- 그러면 子卯刑은 안 되는가? 원국에서는 안 된다.

단, 運에서 未土나 丑土를 잡아 주면 그땐 子卯刑이 된다. 또는 運에서 子나 卯운이 오면 그때는 원진 작용이 심하게 일어난다.

- 그러면 유치원에 안 가고 네일아트를 하면 어떨까?

네일아트는 火의 일인데 다시 말해서 卯와 丁火다. 卯는 손가락이요, 丁火는 손가락에 붉게 물들이는 형상이기 때문이다. 卯가 時干 乙木으로 투출했기 때문에 손가락 기술은 있다. 天干으로 투출하면 잘한다고 소문이 난다.

卯는 장식이다. 해서 卯가 있으면 장식, 인테리어, 화원을 하는 사람이 많다. 앞으로 火대운을 타게 되니 해도 좋다.

- 여자는 누구든 甲대운에 사회활동을 활발히 하게 된다.

여기서는 甲己合도 하니 결혼도 하게 된다.

- 여자 성격으로는 괄괄하고 자기주장이 매우 강하다고 한다.

일지에서 투출된 五行이 본인의 內心인데 乙木 偏官으로 투출했으니 악착같은 성격이라고 본다. 일단, 偏官을 깔고 있으면 욱하는 성격이 있는 데다가 己卯일주 자체가 신약하면 알쏭달쏭, 예측 불허, 괴팍하고, 기묘한 성격이다.

- 火가 없는데도 살이 안 찌고 말랐다.

원래는 일지에서 食傷을 투출하면 내 몸을 설기하니 살이 안 찌고 날씬

_____ 물, 형상 통변론

한데, 여기서는 투출되지 않았는데도 말랐다면 아마 신약한 일간을 天干의 食傷이 설기하고 있기 때문이라고 볼 수도 있겠다.

- 여명은 운시가 丑이면 천액성이라 살면서 厄(액)을 많이 당하고, 허리가 안 좋다.
- 수지침은 어떨까? 운시가 辛金이라 수지침도 적성이다.
- 나의 언행은 食神을 쓸 때는 未土를 깔아 따뜻하기도 하지만, 傷官을 쓸 때는 子水를 깔아 매우 차가운 것이다. 그리고 일지에 偏官을 깔고 있으면 욱하는 성격도 있지만 카리스마도 있다.

  → 실제로 사람이 좀 차갑고 카리스마도 있다고 한다.

- 현재 남친의 직업은 중고자동차 딜러라고 한다.

  庚金은 덤프트럭, 辛金은 자가용, 스포츠카인데 庚金은 辛金을 보면 흠집을 내니 辛金 자가용이 흠집이 나서 중고차가 된 것 같다. 신차 세단을 가져다 중고차를 만들어 버렸다.

- 이 사주는 木이 돈이다. 卯가 손가락 기술이요, 유치원생도 되고, 장식이나 네일아트 등에 인연이 있다.
- 본 명식에는 印星이 없다. 인성이 없으면 어떤 특징이 있나?

  생각이 깊지 않고, 무데뽀로 막 싸지른다. 인성이 없이 식상을 쓰게 되면 예절이 없는 언행이다.

- 天干에 食傷은 財慾(재욕)이다. 머릿속은 온통 돈 벌려는 생각뿐이다.
- 애들 때문에 스트레스 많이 받는 형상이다.

  卯가 새싹으로 유치원생인데, 일지에서 木克土 당하고, 時干에서 木克土 당하는 모습이기 때문에.

- 성격은 괄괄해도 애들한테 손은 안 댄다고 한다.

  그런데 天干에 乙이 오는 운에는 애를 때릴 수도 있다. 辛金 식신이 乙

木을 자르기 때문이다.

- 庚子년에 나의 傷官이 발동 걸린다. 傷官見官으로 凶운이다. 子卯刑까지 걸렸으니 애들한테 신경 많이 쓰고 엄청 힘들겠다. 官이 刑이 걸렸으니 官에 불려 갈 수도 있겠다.

 1977. 7. 11.

	논밭		불	불
己	己	丁	丁	乾)
巳	巳	未	巳	

▶ 대운

61	51	41	31	21	11	1
庚	辛	壬	癸	甲	乙	丙
子	丑	寅	卯	辰	巳	午

▶ 통변

- 사주를 보면 土하고 火밖에 없다. 두 가지 五行으로만 되어 있을 때는 体用法으로 보라.

土를 体로 보면 쓸 수 있는 게 火뿐이 없다. 火는 印星이니까 공부하여 자격증을 쓸 수밖에 없다.

역시 火를 体로 보면 쓸 수 있는 게 土 食傷밖에 없다. 土는 입이니까 말로 풀어먹는 직업이다. 프리랜서나 라이센스로 먹고 사는 명식이다.

- 현재 壬寅대운. 木대운을 타니까 官이다. 조직 속에서 나의 자격증을 가지고 써먹는다고 볼 수 있다.

- 삼복더위 未月에 丁火는 맹렬한 불이다. 己土밭에 불이 난 형상이다. 빈 밭에 불이 났으니 먹을 게 없다. 빈천 격이다.

   火土重濁(화토중탁)이다. 치열하게 道를 닦는 사주도 된다.

   丁火 불가마에 己土 흙을 굽는, 이른바 도자기를 굽는 사주도 된다. 치열하게 자기 자신을 연마해 가는 종교적인 사업에도 인연이 있다.

- 지금은 몸이 안 좋아서 무직으로, 활동을 할 수 없는 상태라고 한다.

   그 전엔 중소기업에서 자격증을 가지고 컴퓨터 관리를 했다고 한다.

   丁火가 컴퓨터, IT 등이다.

- 본 명식은 水운이 좋을까? 안 좋을까?

   水운이 대흉이다. 여름에 태어나서 水운이 조후가 해결되어 좋다고 보면 큰 오류를 범하게 된다. 水운이 오면 잘 구운 도자기가 비를 맞아 다 깨어지는 형상이기 때문이다. 즉, 天干으로 壬癸水운이 올 때이다.

- 금년 己亥년이 오면 일간 己土가 발동이 걸린다. 무언가 하려 할 것이다.

- 몸이 마르고, 얼굴이 거무스름하다. 왜냐하면 己土가 말라 있기 때문이다. 己土는 비장이다. 己土가 마르면 체격이 마르고 마른 당뇨에 걸리기 쉽다. 얼굴도 거무스름하다. 地支로는 巳亥충이 3개나 걸렸다. 冲으로 불을 끄니 凶運이다.

- 水가 오면 旺한 火를 끄지 못하는가?

癸水는 못 끈다. 旺한 火는 壬水로만 끈다. 그런데 壬水가 와도 丁壬 合으로 묶으니 완전히 끄지는 못한다. 癸水는 丁火만 끈다. 癸水는 丙 火를 가릴 뿐이다. 어찌 됐든 天干으로 오는 水운은 불을 완전히 끄지는 못하더라도 안 좋다.

- 巳중 庚金이 녹아 가는 형상이라 관절이 안 좋을 수 있다. 丁巳일주는 火가 강하면 巳중 庚金이 녹으니 관절염에 걸리기 십상이다.

- 巳午未가 있으면 기독교인데 종교는 무엇인지 묻자, 기독교를 우습게 알고, 불교나 도교 같은 걸 좋아한다고 한다.
  너무 더워서 그럴까? 서늘한 기운이 그리워서…. 申酉戌은 불교, 천주교인데 서늘한 기운이고, 亥子丑은 도교인데 찬 기운이라 그럴 수도 있겠다.

- 亥子丑대운에 어떤가?
  水運은 무조건 안 좋다. 火土重濁 사주는 조후가 해결되어 좋을 것 같지만, 아까도 말했듯 도자기가 깨지는 형상이라 아작 난다.

- 화토중탁 사주가 거지 사주요, 단명 사주라 했다.
  그런데도 건강하게 잘 살고 있다면 틀림없이 종교인이라고 했다. 수도자 아니면 건강하게 살 수 없다. 그래서 그나마 格이 좋으면 스님이요, 아니면 무속인이나 일용직 사주라 했다. 또 너무 더우니 찬 기운을 끌어와 남자는 택시기사, 여자는 술집 포주 사주라고도 한다.

- 역학을 배우면 어떨까?
  道를 닦는 사주라 역학은 좋다. 그러나 공부하기는 그리 쉽지는 않을게다. 뜨거운 불 속에서 공부를 해야 하는 형상이기 때문이다.

- 金運은 어떤가?
  金운은 旺한 土기를 설하니 좋다. 濕土(습토)운도 旺한 火氣를 잡아 주니 좋다. 그런데 天干에 己(습토)는 완전히 말라 있다. 地支로 오는 辰, 丑운이 좋다.

- 壬寅대운에는 어떤 영향이 있을까?

  壬水가 흉신인데 丁火를 하나 잡아 버린다. 그런데 寅은 官이니까 직장 생활을 하지 않았나 생각이 든다. 官대운을 만났으니 직장 생활을 하지 않았을까?

    → 일을 못해서 동사무소에서 돈이 나와서 살고 있다고 한다. 그러나 그 것도 官하고 연결된 것이라 볼 수 없다. 내가 조직에 소속되어 일하면서 받은 급여가 아니기 때문이다.

- 무당을 한다면 잘할까? 본인이 관심 있어 한다.

  그쪽으로 가면 잘한다. 火氣가 강하니 확산, 팽창의 기운이 강할 뿐 아니라 丁火는 陰火라 陰的인 요소가 강하니 神氣가 강할 것이다. 己土가 쌍나팔인데 己土를 食傷으로 쓰니 썰(說)이 아주 강하다.

  평소에는 말을 잘 안 하는데, 주위 사람들 앞에서는 말을 아주 잘한다고 한다. 무속의 길로 가는 것이 딱 맞을 것 같다.

- 외골수가 좀 강한 편이라고 한다.

  사주오행이 편고되면 외골수 고집이 세다. 대인관계는 안 좋다.

- 어려서는 주산으로 우리나라 10등 안에 들고, 수학경시대회나 게임 관련 대회에 나가서 상도 받아 왔다고 한다. 그래서 부모가 남부러울 것 없이 해 주었다고 한다. 印星운에다 화토에 從한 사주가 火운을 만났기 때문이다.

바위	밭	암벽산	기암괴석	
庚	己	戊	辛	乾)
午	卯	戌	未	

▶ 대운

79	69	59	49	39	29	19	9
庚	辛	壬	癸	甲	乙	丙	丁
寅	卯	辰	巳	午	未	申	酉

▶ 통변

- 年干은 내 꿈이고 목표다. 年干이 食神이다. 辛金. 논에서 사금을 캐는 사주다. 食神은 내 머리에 있는 지식을 쓰고 傷官은 내 기술력을 쓰는 것이다. 머리에 있는 지식을 쓰니 직장 생활을 한다. 그런데 戊戌이 딱 가로막고 있어 직장에 가려면 큰 산을 넘어가야 되니 辛金을 쓰기가 어렵다. 이런 사람들은 직장 생활을 오래 하기 힘들다.

- 地支에 戌土 未土가 내 根도 되지만 土가 너무 많으면 비겁과다로 가버린다. 戊土는 劫財 작용도 하지만 나한테는 든든한 백그라운드도 된다. 내 등 뒤에 戊戌이라는 괴강, 큰 산, 똑똑한 형은 하나 있다.

- 己卯일주는 알쏭달쏭 기묘하고 좀 괴팍한 성격이 있다. 예측 불허다. 또 편관을 깔고 있으니 욱하는 기질도 있고 카리스마도 있다.
- 己土가 신강하다. 신강할 때 庚, 辛金 캐러 가는 사주는 길을 가다가 금반지를 줍고 사금을 캐고 쟁기질하다 금덩이를 줍는다 했으니 횡재수가 많은 거다.
- 이 사주의 핵은 庚金이다.
- 일간 옆에 좋은 글자들이 다 붙어 있다. 주변에 도와주는 사람도 많다.
- 엄마는 아들한테 굉장히 헌신적인데, 아빠와 엄마와는 관계가 안 좋단다. 辛未가 엄마고 아버지가 戊戌이다. 아버지한테 가서 뿌리를 내리고 싶지만 불구덩이 속에 들어가는 형국이다. 아버지는 든든한 빽인 것 같으면서도 劫財다. 아버지한테 가면 己土 도자기를 구워 버리니 아버지가 무섭다. 엄마 未土한테 뿌리를 내리고 싶어 한다.
- 군대에서 적응을 못하고 탈영했었단다. 申대운은 浴地다. 욕지대운이 오면 헛짓거리를 한다. 경험도 없으면서 어설프게 일을 벌인다. 그래도 申酉대운에는 庚辛金이 강해지니 괜찮았을 것 같은데….
- 군대 갔다 와서 집에 틀어박혀 철학 서적 같은 것에 빠져 살았단다.
- 戌월은 어떤 일주든 간에 조후가 되어야 된다. 조후가 안 되면 집안이 적막강산이라고 했다.

陰 1959. 12. 4.

태양	밭	태양	밭	
丙	己	丙	己	乾)
子	丑	子	亥	

▶ 대운

78	68	58	48	38	28	18	8
戊	己	庚	辛	壬	癸	甲	乙
辰	巳	午	未	申	酉	戌	亥

▶ **통변**

- 己土는 사시사철 丙火가 필요하다. 丙火가 있으면 사람이 영민하고 똑똑하고 총명하다. 그런데 丙火가 亥子丑 水局 위에 떠 있다.

- 子月에 午未戌이 필요하다. 그런데 없다. 냉골 집안이다. 가족이 흩어져 산다.

- 이혼수도 있다. 남자는 일간 옆에 양쪽에 똑같은 글자가 있으면 이혼수가 있다.

  → 亥년에 남자가 바람을 피워서 이혼을 하네 마네 했었단다. 이런 경우는 떨어져 살면 면한다. 외국에서 떨어져 살고 있단다. 같이 살면 이

혼수다.

- 이 사람은 己土 자체도 쌍나팔이라 말을 잘하는데 丙火 주작까지 있으니 말을 잘한다.

- 己丑일주, 간여지동. 사람은 반듯하다. 간여지동은 부부배반살, 自冲殺이라 다툰다. 그러니 떨어져 살아야 된다.

- 丙火가 이 사주에서 힘이 없어도 가장 중요하다. 己土가 火生土를 받아야 산다. 印星이다. 공부에 매달리고 윗사람 덕이 있고 丙火를 양쪽에 끼고 있으니 도와주는 사람도 주변에 많을 것이다.

- 亥子丑은 水局이다. 財局이니 처나 아버지가 똑똑하다.

- 水가 너무 많아 병이 되고 있다. 丙火로는 조후가 안 된다. 이런 사람은 외국에 가는 게 훨씬 좋다.

  → 외국에 있다가 지금은 들어왔단다. 巳午未에는 들어와도 상관없다. 조후가 해결되기 때문이다.

- 나는 밖에 나가면 양쪽 丙火가 따뜻하게 해 주니 좋다. 그런데 집에 들어오면 냉골이다. 이렇게 天干은 좋은데 地支가 나쁘면 밖에서는 좋은데 집에서는 안 좋다.

  나만 좋으면 편하다고 해서 항상 이기적이다.

- 火運에 발복하는 사주다. 申酉대운에 건축을 했는데 힘들었단다. 지금은 조후가 해결되어서 괜찮다.

보석	밭	거목	호수	
辛	己	甲	壬	乾)
未	巳	辰	子	
(午)				

▶ 대운

79	69	59	49	39	29	19	9
壬	辛	庚	己	戊	丁	丙	乙
子	亥	戌	酉	申	未	午	巳

▶ 통변

- 나무 키우는 사주다. 未 중 乙木 아파트도 있고, 辰 중 乙木 땅도 있어 잘사는 사주다.

- 子辰은 水局으로 보면 안 된다. 辰土는 子水를 가둬 버린다. 그래서 홍수가 안 난다.

- 이 辰土가 여기서 아주 좋은 역할을 한다. 이 辰土가 없으면 완전 물바다가 된다. 辰土 하나가 있으면 子水가 열 개가 와도 다 가둬 버린다. 水局으로 보면 안 된다.

그런데 만약 원국에 子가 있는데 辰이 오면 水局이 되는 거다. 원국에 辰이 있느냐 子가 있느냐에 따라서 완전히 다르다.

- 태양이 없다. 태양이 없는 게 아주 흠이다.
- 印星을 깔았으니 배움도 있고 正官하고 습을 했으니 반듯하다.
- 옷가게를 하는데 직업을 바꾸려고 한다.
- 午火가 공협되어 있다. 祿地니 말년에 생각지도 않게 어디 가서 월급 생활을 할 수도 있다. 또 偏印이니까 월세 수입도 된다.
  → 경매 하나 받아 놓은 걸 월세 받으려고 한다.

제
七
강

庚金

철광석	구름	비	꽃	
庚	庚	壬	乙	乾)
辰	申	午	未	

天乙

▶ 대운

67	57	47	37	27	17	7
乙	丙	丁	戊	己	庚	辛
亥	子	丑	寅	卯	辰	巳

▶ 통변

- 재산이 약 1,500억 되는 부자다. 의사만 30명이 넘는 큰 병원 이사장이다. 직원 수가 100여 명이 넘는 요양병원 3동을 운영하고 있다. 덕망가로 봉사와 기부를 많이 한다.
- 운시 : 辛 – 역학, 수지침, 골프, 낚시, 신비한 것을 좋아한다.
  巳 – 성실하고 착하다.
- 午, 未월에 태어나면 어떤 일주든 地支에 辰, 丑, 申, 子 중 한 글자만 있어도 의식주는 해결된다. 그중에서 辰土가 제일 좋다.

- 午月의 庚金이 壬水를 生하면 여름에 비를 만들어 내니 덕망가이다. 또한 庚金이 壬水를 보면 석간수라 하여 정리정돈을 잘한다.
- 본 명식은 乙木도 키우고 午火로 申金도 녹이는 명식이다.
  고로 未 중 乙木과 辰 중 乙木이 돈이라 부동산이 많다.
- 申金은 땅속에 묻혀 있는 철광석인데, 天干에 庚金으로 투출되어 있다. 天干에 있는 庚金은 노천광이다. 地支에 있는 申金은 지하에 묻혀 있는 철광석이라 매장량이 무한정이라 측량할 수 없을 만큼 많은 돈이다.
- 午火로 申金을 녹여서 壬水로 담금질을 하여 부가가치가 높으니 돈이 매우 많다.
- 요양병원을 운영하는 이유?
  時支는 말년의 직업을 의미한다. 時支가 辰土인데, 辰土는 水庫다. 水는 노인을 의미한다. 고로 노인의 창고가 있다고 함은 노인이 많다는 것이다.
- 乙木도 키우고, 申金도 녹이니 2가지 이상의 사업을 한다.
- 처는 배우자궁에서 투출된 壬午이다. 財官双美格(재관쌍미격)이다.
  庚(偏印) 자격증 2개 이상을 가지고 있다. 한여름에 장대비인데 구름(庚)이 계속 비를 만들어 내니 마르지 않는 물이다. 농작물에도 물을 주고, 더위도 식혀 주니 어딜 가나 인기 있으며, 희생·봉사정신이 강하다.

호수	구름	구름	태양
壬	庚	辛	丙 坤)
午	戌	卯	寅

▶ 대운

61	51	41	31	21	11	1
甲	乙	丙	丁	戊	己	庚
申	酉	戌	亥	子	丑	寅

▶ 통변

- 2015년(乙未年)에 세무사 사무실을 개업했으며 미혼이다.
- 月干에 比劫이 있으면 부친과 인연이 약하다.
- 月干에 比劫이 있으면 혼인살이라 하여 결혼을 35세 이후에 하는 것이 좋다.
- 庚金이 壬水를 보면 석간수라 정리정돈을 잘한다.
- 일간 庚金이 火局(寅午戌)에 놓여 있고, 根이 없어 극신약하므로 본 명식의 대세인(火局에 丙火 투출) 火를 일간대행(기세론)으로 본다. 즉, 年柱 丙寅이 일간이 된다.

- 丙火가 寅 生地를 깔아 총명하고 인물이 수려하다.
- 丙火일간은 辛金 正財와 庚金偏財를 바라보고 있다.

  → 나의 생각은 항상 돈 생각뿐이다.
- 寅午戌 火局에 丙火로 獨發(독발)하였다.

  → 자존심이 강하고, 사회적으로 다른 사람보다 잘나가야 한다는 강박관
    념이 있다. 또한 잘나간다.
- 金(庚, 辛)은 금융 · 재정 · 보험 · 세무 · 회계 등이다. 하여 세무사가 되
  었다.
- 財星은 활동 무대이다. 하여 세무가 나의 활동 무대이다.
- 新(신)일간(丙)이 舊(구)일간(庚)을 보아 財星이면 자수성가한다.

  → 실제로 자수성가하였다고 한다.
- 辛金은 폐다. 火局에 놓이면 폐렴이 염려된다. 그러나 일간이 丙辛合으
  로 묶어 놓고 있다. 합이 풀리는 辛운이 오면 辛金은 火局에 녹게 된다.
- 亥대운이다. 亥는 劫殺이다. 劫殺은 소음이 많은 곳, 의료, 세무, 법무
  이다. 肅殺氣(숙살기)가 강한 직업군이다. 하여 세무사 개업 했다.
- 庚金을 녹여서 壬水로 담금질하는 命이다.

  → 담금질을 하여 부가가치가 높으므로 돈이 많다.
- 庚金은 丁火로 녹이지만, 午月의 丙火나, 火局을 놓은 丙火는 熱(열)
  로 변하여 庚金을 녹인다.
- 丙火는 학구열이다. 丙火는 주작이라 食傷이 없어도 말을 잘한다.

  → 세무 강의도 나간다고 한다.
- 火旺사주는 한자리에 오래 앉아 있지 못한다. 역마성이 강하다.
- 年支가 호랑이라 어렸을 적 또래 중에 호랑이 노릇을 했다. 다른 호랑이
  에게 물리기도 하니 몸에 상처가 있다.

- 卯 : 손가락, 집착, 특히 月支 卯는 수학을 잘한다.
- 결혼하게 되면 남편은 時柱 壬午가 된다. 壬水 남편은 庚偏印을 보아 전문직이다. 偏印이 庚戌 괴강이라 국가공인 자격증이다. 午 도화를 깔아 연하일 확률이 높다.
- 금년(庚子)에 일이 너무 많아 매우 바쁘다고 한다. 활동 무대 庚金이 발동 걸렸다.

  寅은 상문이요, 戌은 조객이다. 상복을 입을 수도 있다. 상문이 年, 月에 있고, 조객이 日, 時에 있으면 그해는 생각지도 않은 큰돈이 들어온다.
- 子午沖 : 기분의 업다운이 심하다. 협심증을 조심하라.

호수	바위 · 구름	태양	
壬	庚	庚	丙 坤)
午	申	子	申

▶ 대운

74	64	54	44	34	24	14	4
壬	癸	甲	乙	丙	丁	戊	己
辰	巳	午	未	申	酉	戌	亥

▶ 통변

- 간호대를 졸업하고 직장 생활은 한 번도 못해 봤으며, 속기사는 몇 년 했다고 한다. 큰 평수의 값이 나가는 아파트도 있고, 원룸(임대) 21채를 소유하고 있다. 현재는 전업주부다.

- 比劫이 많아 洩氣(설기)하는 壬水를 用神으로 잡으면 안 된다.

- 金水傷官要見官이라 반드시 火(官)를 봐야 한다. 고로 午火가 본 명식의 核이다. 時柱에 있어 자식복이 있다. 午火는 확산 · 팽창 · 발전의 象이라 대학 시절에 DJ를 했으며 드럼을 20년간 했다. 음악도 록 음악을 좋아한다.

- 午火로 申金을 녹이는 命이다. 申金은 지하에 묻혀 있는 철광석으로 天干에 庚金이 투출되어 무한정의 많은 양이다.

  午火로 申金을 녹여 壬水로 담금질하는 命이다. 고로 돈이 매우 많다. 年支에 있는 申金은 멀리 떨어져 있어 녹일 수 없다. 혹자는 子午沖으로 午火를 쓸 수 없다고 말하는데, 이 역시 떨어져 있으면 沖이 안된다.

- 겨울에 壬水가 根(子)이 있으면 폭설이다. 이때 庚金은 폭설을 만들어 내는 구름이다.

- 天干의 그림을 보면 폭설이 내리는 한겨울 저 멀리 희미한 태양이 떠 있는 모습이다.

- 地支는 가정궁인데, 午火 난로가 하나 있어 따뜻하다.

- 午火가 본 명식의 核이라 午火가 강해지는 未, 午대운에 발복한다. 물론 조후가 되는 吉運이기도 하다.

  → 하여 이때 부동산을 매매하면서 富를 축적하였다고 한다.

- 대운이 여름으로 오면 폭설이 폭우로 변한다. 물이 凶작용한다.

  → 물이 너무 싫다고 한다. 물을 보면 물에 빠져 죽고 싶다는 충동을 느낀다고 한다. 우울증도 4, 5년간 앓았다고 한다. 물이 싫어서 양평 물가에 있는 10억짜리 주택을 처분했다고 한다.

- 火(官)가 중요한 글자라 남자 많은 곳에서 취미활동을 하면 좋겠다고 했더니, 남자는 너무 싫다고 한다. 이는 金多火熄, 水多火熄이 되기 때문이라고 추정할 수 있다.

- 발산의 기운이 강한 난타를 배우는 게 어떻겠냐고 했더니 좋다고 한다. 바로 그다음 날 등록했다고 연락이 왔다.

- 水가 病이니 水를 잡아 주는 흙과 나무가 있는 산에 등산을 자주 다니시

는 것이 좋겠다고 권했다.

- 남편은 일지에서 투출된 月柱 庚子다. 比肩이라 친구 같은 남편이다. 丙火를 보아 반짝이니 인물이 잘생겼다. 食傷局을 깔아 제자가 많다. 대학 교수라고 한다.

  따뜻한 태양을 가로막고 구름이 되어 壬水를 생하니 같이 있으면 좋지는 않다. 또한 庚庚은 도끼와 도끼가 부딪치니 다툼이 많다. 떨어져 사는 것이 좋겠다고 했더니, 남편이 지방에 있어 주말부부라고 한다.

- 남편이 미국에 교환교수로 가서 같이 미국에 갔는데, 도저히 적응이 안 되어 혼자 귀국하였다고 한다. 미국은 庚申이라 壬水를 生하니 좋지 않다. 자칫 우울증이 올 수도 있다.

큰 산	암벽	거목	태양	
戊	庚	甲	丙	乾)
寅	申	午	午	

▶ 대운

62	52	42	32	22	12	2
辛	庚	己	戊	丁	丙	乙
丑	子	亥	戌	酉	申	未

▶ 통변

- 유명학원 지점장이다. 아들 1명, 딸 1명인데 둘 다 서울대를 졸업했다. 처가 자식을 위해 헌신한다. 자녀가 수험 기간에는 처가 거실에서 잠을 안 자고 같이 날밤을 새웠단다.

- 甲木은 死木이다(불쏘시개). 庚金 도끼로 甲木을 쪼개어 火(자식)을 살리는 구조다.

- 처는 甲午다. 傷官 도화를 깔아 똑똑하고 미인이다. 丙火 태양으로 꽃을 피웠다.

- 午火로 申金 제련하는 사주다. 地支의 申金은 지하자원(땅속에 묻힌 金)

이라 무궁무진하다. → 고로 돈이 많다.

天干의 庚金은 丁火로 녹인다. 子대운은 大凶이다. 申金 돈이 申子水로 변하기 때문이다. → 庚金이 申을 用神으로 쓸 때 子운이 오면 根이 변질되어 大凶이다.

- 처가 나이 들어서는 時柱 戊寅으로 변한다. 일지 申 中 戊土가 時干에 투출하여 처를 자식처럼 챙긴다. 큰 산에 호랑이라 활동성, 역동성이 매우 강하다.
  → 바리스타 자격증을 취득하여 카페를 운영하며, 봉사활동도 많이 한다고 한다.
- 命主도 말년에 호랑이 노릇을 하니 큰소리 한번 친다.
- 午(官)가 刑이라 직장 때문에 신경 쓸 일이 많다.
  → 능력이 있어 여기저기서 스카우트 제의가 들어와서 항상 직장 이직 때문에 신경을 많이 쓴다고 한다.
- 男命은 天干에 丙火 있으면 여자에게 인기 있고 말을 잘한다.
- 日時支가 寅申沖이라 해도 부부궁이 깨지지 않는다. 이혼하지 않는다. 寅(처)은 庚 강한 도끼, 암벽에 둘러싸여 있기 때문에 큰소리 안 치고 조용히 산다. → 실제로 금슬이 아주 좋다고 한다.
  또한 申金은 옆에 강한 午火에 녹아서 쇳물(辛金)이 되었기 때문에 寅木을 칠 수 없다. 그러나 運에서 寅이나 申이 오면 寅申沖 발동되어 부부 간에 문제는 발생된다.

거목	바위	거목	폭설	
甲	庚	甲	癸	乾)
申	申	子	巳	

▶ 대운

71	61	51	41	31	21	11	1
丙	丁	戊	己	庚	辛	壬	癸
辰	巳	午	未	申	酉	戌	亥

▶ 통변

- 감사원 퇴직 후 금년(丁酉)에 감정평가사 시험에 합격했다.

- 金水傷官格 → 要 見官(반드시 火를 봐야 한다)

- 年干에 傷官 : 가난한 집 태생. 子月에 조상궁에서 癸 폭설을 내리니
  좋은 가문은 아니다.

- 年支와 운시가 沖이라 부모궁에 문제가 있다.
  庚일간이 年支에 生이라 할머니 손에 자랐을 수도.

- 겨울에 庚金이 根이 있으면 冷金(냉금) : 매우 냉정하고 차다.
  (無根이면 老金 : 亥子丑에 病死墓)

庚申일주 肅殺(숙살)之氣에 火가 無力하니 더욱 냉정하다.

- 절벽산(岩壁山)에서 甲木(큰 소나무) 키우는 命. 키우기 매우 어려우니
  의지가 강하다. 절벽에 海松(해송)이라 매우 貴하니 부르는 게 값이다.
  고로 돈 많다.

  → 실제로 돈이 많다고 한다.

- 甲木이 庚金에 克을 당하니 두통이 심하다고 한다.

- 현재 巳(地殺)대운이라 명예가 빛난다.

  巳(生地)라 새로운 일을 한다.

庚	庚	戊	乙	乾)
辰	申	子	亥	

▶ 대운

51	41	31	21	11	1
壬	癸	甲	乙	丙	丁
午	未	申	酉	戌	亥

▶ **통변**

- 본 명식은 다른 책에서 옮겨 온 내용이다.

- 水旺節의 庚金일주가 地支에 水가 全局하여 水가 사주의 病인데 藥神
  (약신)인 戊土가 투출하였으나 火의 생기가 없어 癸水운에 처와 자식이
  물에 떠내려가 죽었다.

  子月의 庚金이 地支에 申子辰과 亥子로 水局이 全局하여 물바다를 이
  루어 물이 범람하나 戊土 약신이 투출하여 제방이 되어 물길을 바로잡아
  년상의 乙木 정재의 부목됨을 방지하나, 丙火가 없어 조후의 功이 없
  고, 튼튼한 제방이 되지 못하여 언제까지 약효가 효력을 발휘할지 염려
  된다.

그러므로 癸未대운 庚申년 申月에 처가 냇물에 떠내려가 죽었는데, 그것은 行運의 癸水를 만나 戊癸合으로 戊土가 合去되고, 세운의 庚申이 申子辰 合水하고 乙庚合하니, 이것은 비가 많이 내려 강물이 범람하여 戊土 제방이 붕괴되어 乙木이 물살에 떠내려가는 象이기 때문이다.

그 이후 자식도 물에 떠내려가 죽었으니, 이 역시 命에 水가 많아 官星인 火가 꺼지기 때문인데, 이렇게 命에 水가 病이고, 土 약신이 생기가 없으니, 病은 깊은데 藥의 효과가 크게 나타나지 않아 水鬼(수귀)가 날뛰니 水의 재난이 따르는 命이다.

이것은 조상의 유택(幽宅)에 물이 차 있거나, 집터가 수맥이 있는 경우가 많으므로 조상의 묘를 이장 또는 화장을 하고, 집의 수맥을 차단하거나 이사하는 것이 水厄을 막는 길이다.

- 甲乙일생 亥子月에 土薄金多(토박금다 : 土가 엷고 金이 많다) 갱봉수운(更逢水運 : 다시 水運을 만난다)이 기목성(基木星)이 표류하여 황천해(黃泉海 : 황천바다)에 도달한다.

꽃	바위	거목	바위	
乙	庚	甲	庚	坤)
酉	申	申	申	
羊刃				

▶ 대운

53	43	33	23	13	3
戊	己	庚	辛	壬	癸
寅	卯	辰	巳	午	未

▶ 통변

- 화장품 다단계 판매하고 있다. 작년(戊戌年), 금년(己亥) 실적이 없고 말썽만 피우고 있다.
- 운시 : 癸 – 욕심이 많다.
        未 – 음식 솜씨가 있다. 未가 天殺이라 기고만장하며, 잘난 체를 한다.
- 가을의 절벽 위에 아름드리 소나무가 있고, 기암괴석(酉) 위에 꽃이 있다. 경치가 아름다워 보이니 미인이다. 추운 가을에 바위틈에서 甲, 乙

木을 키우니 의지가 매우 강하다.

- 甲乙木을 키우는 명식이다. 木이 돈이다. 火가 없으니 큰돈은 벌 수 없다. 빛 좋은 개살구이다.

- 바위틈에서 자라는 소나무와 꽃이라 값이 나가는데, 土運이 와서 흙이 바위를 덮으면 바위가 보이지 않으니 아름다운 형상이 사라진다. 또한 地支로 根(寅, 卯)이 오면, 바위틈의 甲, 乙木의 뿌리가 생겨 역시 아름다운 형상이 사라진다. 고로 값이 안 나가며, 土運과 根이 오는 寅卯運이 大凶이다.

- 현재 己卯대운에 흙이 바위를 덮고, 卯 뿌리가 오니 아름다운 형상이 사라져 대흉이다. ← 根이 없는 甲, 乙木이 根이 생겨 힘이 있고, 財대운이라 돈을 번다고 하면 오류를 범하게 된다.

  이렇게도 볼 수 있다. 甲, 乙木이 根이 없어 힘이 없으니 조용히 있다가, 根이 오는 대운에 힘이 생기니 내 세상인 양 설쳐 대면, 旺한 金들이 木을 쳐 내니 돈 손실이 일어날 수밖에 없다. 木은 생명인데 생명을 죽이니 사고를 치게 되고 말썽을 일으키게 된다(생명을 죽이는 사주는 항상 사고를 치고 원망을 듣게 된다).

폭우	구름	큰 산	큰 바위	
壬	庚	戊	庚	乾)
午	午	子	子	

▶ 대운

69	59	49	39	29	19	9
乙	甲	癸	壬	辛	庚	己
未	午	巳	辰	卯	寅	丑

▶ 통변

- 子月은 戊土를 用 : 부모덕 있다.

  子月에 年干 庚金은 凶 : 조상덕은 없다.

- 子午雙包(쌍포)라 子水가 午火를 못 끄고 서로 포섭하여 水火旣濟(수화기제)를 이룬다.

  자오쌍포 : 1子2午, 2子1午, 2子2午.

- 은행 지점장으로 근무하다 乙未年에 명퇴금 5억을 받고 퇴직했다.

  庚 乙 : 正財는 월급제, 고정 무대라 직장.

  午 未 : 未土는 5, 10이라 5억.

→ 未土가 일지와 合을 해 와서 火의 규모가 커진다.

- 水로써 불(火) 끄는 사주.

  天干은 壬水食神이라 베풀기 잘하고 후덕하다.

- 金水傷官 要見官 : 日, 時支에 午火 난로가 있으니 처복, 자식복, 말년복이 있다. 샤프하고 온화한 사람이다. 火가 없으면 매우 냉혹한 사람이다.

- 申子辰(水운동), 寅午戌(火운동)만 하니 인생의 큰 변화는 없다.

  → 조직에서 능력을 발휘.

달	별	큰산	별	
丁	庚	戊	庚	乾)
亥	寅	子	戌	

▶ 대운

51	41	31	21	11	1
甲	癸	壬	辛	庚	己
午	巳	辰	卯	寅	丑

▶ 통변

- 현재 癸巳대운이다.

- 미국에 산다.

- 癸巳대운 辛卯년 壬辰月 甲辰일(2011. 4. 19)에 무슨 일이 일어났을까?

- 辛 劫財년.

  卯년 : 戌(偏印)중 辛金 투출 ← 내 띠라 내 잘못도 있다.

  戌은 사기 잘 당하는 글자. 偏印도 사기.

- 戊土 偏印은 戌에 뿌리내리고, 寅에 長生地라 매우 강하다

- 戌은 화개다. 화개는 반복 · 재생 · 종교 · 예술성을 의미한다.

戊土는 대로(큰길), 큰 무대, 큰 공간이다. 반복적으로 다니는 대로상에서 戌時에 당했다.

→ 실제로 뉴욕지하철(辛)에서 저녁 늦은 시간에 흑인 두 명에게 핸드폰을 뺏겼다고 한다.

- 庚金이 辛金을 보면 헛짓거리를 한다. 철광석이 보석을 흠집 낸다.

큰비	구름	고목	칼·구름	
壬	庚	甲	辛	坤)
午	午	午	丑	

天乙

▶ 대운

60	50	40	30	20	10
庚	己	戊	丁	丙	乙
子	亥	戌	酉	申	未

▶ 통변

- 남편과 자녀가 있는데, 어찌하여 만나는 남자(애인)가 열 명이 넘게 많이 있는지 궁금하다 하여 수강생이 가져온 사주 명식이다.
- 현재는 전업주부다.
- 午火는 심장, 혀, 마이크다.
- 庚金에게 午火는 浴地도화다. 일지 도화라 나체도화이기도 하다. 여자가 욕지도화를 깔고 있으면 옷을 잘 벗는다.
- 여명에서 食神은 자궁이며, 유방이다. 하여 食神이 刑이 되면 자궁, 유

방 수술수도 있다. 특히 食神이 正官과 합을 하면 男女交합이라 하여 속궁합이 잘 맞는다.

- 壬水 食神이 3개의 午중 지장간 丁火와 음란지합을 하고 있다. 또한 남녀교합을 하고 있다. 女命에서 印星은 남자의 성기다.

  4개의 지장간 속에 印綬 己土가 암장되어 있다. 도처에 남자의 성기가 숨어 있다. 가는 곳마다 남자의 성기가 있는 형상이다.

- 午火(혀, 마이크)가 3개이니 얼마나 말을 잘하겠는가?

  → 실제로 말을 얼마나 잘하는지 어떤 남자를 만나도 10분이면 넘어온다고 한다.

- 인물도 못생기고 몸도 뚱뚱한데, 성관계 맺는 남자가 10명이 넘는다고 한다. 문제는 만나는 남자마다 떨어지지를 않는다는 것이다. 왜 그럴까 하고 수강생이 물어온 사주다.

  ← 남녀교합에다 음란지합이 3개에다, 4개 地支에 인성(남자의 성기)이 널려 있으니 당연하다.

- 남녀교합이 된 女命은 인물과 상관없이 남자가 떨어지지를 않는다. 이러한 命은 사업을 해도 남녀 공동 사업을 하면 잘된다. 혼자 하면 종업원이 상전 노릇을 하니 망하게 된다.

여름비	철	보석	철	
壬	庚	辛	庚	坤)
午	午	巳	寅	

▶ 대운

72	62	52	42	32	22	12	2
癸	甲	乙	丙	丁	戊	己	庚
酉	戌	亥	子	丑	寅	卯	辰

▶ 통변

- 庚金의 할 일은 丁화로 녹이든지 壬水로 씻는 것이다. 丁火는 없다. 壬水로 庚金을 씻는다. 食神을 쓴다는 말이다. 壬水가 이 사주의 용신이며 가장 중요한 핵이다. 時를 잘 타고났다.

- 천간에 丁火가 오면 좋다. 庚金을 녹여서 壬水로 담금질을 하기 때문이다. 그러니 丁대운에는 괜찮다. 또 亥子를 타면 壬水가 강해지니까 핵이 강해져서 좋다.

- 남편이 이발사이고 부인이 미용사이다. 40대부터 미장원을 운영해서 잘 나갔는데, 50대가 되면서 손녀를 키우면서 남편과 20년을 떨어져 살다

가 이제 합가하려고 하니까 남편이 그냥 떨어져 살자고 한단다. 그래서
같이 사는 게 좋은지 아닌지 궁금하단다.

- 여기서 남편은 庚寅이다. 辛巳 때문에 떨어져 산다. 나하고는 친구 같
  지만 둘이 만나면 부딪힌다. 庚庚은 도끼 두 개 들고 싸우는 형상이다.
- 庚寅 남편은 寅을 깔고 있는데 남편한테는 여자고 寅 중 戊丙甲이 있는
  데 丙火는 자식이기 때문에 딴 여자가 있고 거기서 숨겨 놓은 자식도 있
  을 것 같다.
- 남편이 춤을 잘 춘단다.
- 같이 살면 庚庚 총칼이 부딪힌다. 그런데 寅午 합을 했기 때문에 이혼은
  안 하는 거다.
- 戊대운에는 건강이 안 좋다. 寅午戌 火局되면 庚辛金들이 다 녹는다.
  金이 녹기 때문에 폐·대장 질환이다. 金이 다 녹아 버린다. 甲戊대운
  에 환경은 寅午戌 三合을 짜 주기 때문에 위험하다.
- 丑대운에 입묘되는지를 묻는다. 丑未冲돼서 열려 줘야지 丑대운이 온
  다고 해서 무조건 입묘되는 것은 아니다. 묘지가 열려야 된다. 묘 고지
  운이 오면 활동성에 제한을 받는 거다. 여기서 丑대운이 오면 丑午 쌍귀
  문이 일어난다.
  이 사주에서 丑은 좋다. 굉장히 火가 강한데 丑이 火氣를 잡아 주기 때
  문에 괜찮다. 묘지대운에 드니 답답하기는 해도 조후는 괜찮다.
- 말년에 자식궁하고 午午형이 되어 있다. 午午형이라는 것은 피 튀기게
  싸우고 침 튀기게 싸운다는 형상이다.
- 庚金이 壬水를 보면 석간수라 하여 정리정돈을 잘한다.
- 남편 庚金은 辛金을 보니, 항상 헛짓거리를 하고 주변 사람들을 흠집 내
  고 다니고 힘들게 한다. 자식들도 아버지를 하나도 안 본단다. 한마디로

말해, 금반지 팔아서 엿 사 먹고 다녔다.

- 주변 사람들 때문에 돈도 많이 삭감된다. 巳가 와서 寅을 삭감시키니까 寅이 財星 돈인데, 이 辛金들이 내 돈을 다 까먹었다. 이 辛金은 형제도 되고 주변 사람도 되고 陰이니까 보석같이 예쁜 여자들도 된다.

- 巳火가 파마고 辛金이 커트다. 그래서 巳火나 辛金이 있으면 여자가 파마도 잘하고 커트도 잘한다.

  → 돈 많이 벌었단다.

인동초	절벽산	호수	난로	
乙	庚	壬	丁	坤)
酉	申	子	酉	

▶ 대운

74	64	54	44	34	24	14	4
庚	己	戊	丁	丙	乙	甲	癸
申	未	午	巳	辰	卯	寅	丑

▶ 통변

- 상반용신이다. 庚金은 丁火도 보고 壬水도 봐야 되는데, 두 개 다 있다. 여자들이 상반용신을 쓰면 두 번 결혼이라 한다. 남자들은 직업 변동이 많다. 경우에 따라서는 이복형제도 있을 수 있다. 그런데 여기는 壬水를 쓸 수도 없고 丁火로 녹일 수도 없다. 두 용신이 기반이 돼서 묶여서 못 쓰니까 어정쩡하다.

- 겨울에는 금수상관 요견관이라 했는데 丁火 용신이 기반되어 있다. 이런 사람들은 거짓말을 잘한다. 그래서 사기꾼 사주라 한다.

- 이 사람은 다른 사람이 아는 체를 해도 자기에게 필요 없으면 완전 무시

한단다.

- 굉장히 차갑다. 그리고 가정도 냉골 집안이다. 가정 유지가 잘 안 된다. 또 酉 羊刃을 차고 있다.

- 이 사람은 술을 좋아해서 밥을 먹으면 술을 꼭 먹어야 된단다. 아마도 독주를 좋아할 거다.

- 또 철인3종 경기를 한단다. 할 만도 하다. 겨울에 庚金. 숙살지기에다 羊刃 칼을 차고. 羊刃이 있으면 프로라 했다. 프로정신이 굉장히 강하다. 현재는 문화센터에서 장구를 가르친단다.

- 남편은 壬子다. 羊刃. 보통이 아니다. 학원을 하고 있단다. 겨울에 丁壬合은 음란지합이 아니다. 이때는 내가 불 속에 뛰어 들어가서 온수를 만들어 내기 때문에 희생정신이 강하다고 본다. 그러면 활인업도 되니 학원도 맞다. 남편이 바람을 피웠었다고 한다.

- 자식이 엄마한테 꼼짝을 못한단다. 자식은 乙酉다. 내 羊刃 칼날 위에 자식이 있으니 자식은 꼼짝 못하고 또 수술수가 있다. 乙庚合해서 金으로 가 버렸다. 아들이 굉장히 힘들게 사는 모습이다. 乙庚合은 항상 세력을 봐야 된다. 강한 쪽이 주도권을 잡는다. 여기서는 엄마가 주도권을 잡고 乙木이 꼼짝을 못한다.

- 친정아버지가 폭력성이 있었단다. 엄마가 많이 맞고 살았단다. 아버지가 壬子다. 겨울에 羊刃. 차디찬 눈보라다. 丁壬合을 했어도 이 丁火는 꼼짝을 못하는 거다. 왜냐하면 전부 물속에서 丁火가 꺼질 듯 말 듯 한다.

- 엄마도 똑똑하고 미인이고 아버지도 인물은 잘생겼다. 본인도 잘생기고. 아버지도 세고. 본인도 羊刃을 두 개나 차고 전부 자기 根이고 보통 센 게 아니다.

- 그래도 대운은 잘 타고 왔다.
- 여기도 子卯酉가 다 있다. 산액(產厄) 글자다. 이런 경우에도 순산은 잘 안 된다.

 1963. 5. 6.

태양	바위	큰 산	이슬비	
丙	庚	戊	癸	坤)
戌	子	午	卯	
(亥)				

▶ 대운

75	65	55	45	35	25	15	5
丙	乙	甲	癸	壬	辛	庚	己
寅	丑	子	亥	戌	酉	申	未

▶ 통변

- 보험을 20년 가까이 했는데 연예기획사를 하자고 제안을 하고 있단다. 제안한 사람이 돈을 대서 아이돌을 키워 보자고 하는데 또 이런 일을 하

고 있는 동생도 해 보라고 한단다.

- 현재 여섯 번째 대운이다. 환경의 변화를 겪는다.

- 이 사주는 戌土로 물을 막는 사주다.

- 이 사람은 집 같은 걸 한 번씩 옮길 때마다 돈이 된단다. 戌土가 물을 막기 때문에 이 사주의 핵이 戌土다. 戌土 부동산이 돈을 만들어 내는 것이다.

- 甲子대운에 무엇을 할까 고민했는데 이 공부를 하라 했단다. 戌土가 천문성이니까 부동산이나 역학으로 가야 하니, 역학 공부 쪽으로 나가도 괜찮다.

- 연예기획사는 안 맞는다.

- 물 막는 사주는 댐을 무너뜨리는 辰운이 제일 안 좋은데 辰운이 오지 않으니 다행이다.

- 첫 남편이 결혼해서 진 빚더미를 다 안고 이혼했단다. 첫 남편은 癸卯다. 癸卯를 만나려면 큰 산을 넘어가야 된다. 거기다 子卯형 걸려서 만나면 지지고 볶고 싸운다.

  남편도 문창성을 깔아서 똑똑하다. 남편이 부모 재산 좀 까먹었다. 午卯破가 걸리면 월주가 부모라서 부모 돈을 파먹는다고 본다.

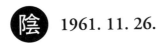

陰 1961. 11. 26.

밭	도끼·철광석	보석	
己	庚	庚	辛 坤)
卯	子	子	丑
		天乙	

▶ 대운

71	61	51	41	31	21	11	1
戊	丁	丙	乙	甲	癸	壬	辛
申	未	午	巳	辰	卯	寅	丑

▶ 통변

- 庚金이 子月 卯時에 태어났다. 庚金은 첫째 丁火로 녹이든지 壬水로 씻든지 그렇지 않으면 겨울에는 戊土도 필요하다. 아니면 地支에 午未 戌이 있다든지 천간에 丙丁火가 있어야 되는데, 필요한 글자들이 하나 도 없다.

  꽁꽁 언 子月 겨울에 金生水 눈보라를 만들어 내니 좋은 집안은 못 된 다. 또 대운이 열 살까지는 겨울을 탔다. 지난 세월이 힘들었다.

- 乙巳대운부터 여름으로 들어오면서 따뜻한 물에 손을 담근 사주다. 조

후가 해결되면 살림이 피는 거다. 甲辰대운까지는 힘들었어도 財대운을 탔으니 돈은 번다.

- 이런 사주는 자식 낳을 때 순산이 힘들다. 자궁이고 뭐고 전부 꽁꽁 얼어 있기 때문이다.

- 이 사람은 40대에 인도네시아에서 살았었는데, 51대운에 한국에 들어왔 단다. 그럼 괜찮다. 자기 운이 안 좋으면 그렇게 가는 거다. 이 사주도 운이 안 좋을 때는 따뜻한 나라에 갔으니까 견디고 사는 거다.

- 몸은 안 좋단다. 根이 없다. 이제 여름으로 왔지만 겨울에 根이 없는 것 은 괜찮다. 庚金은 겨울에 根이 있으면 냉금(冷金)이다. 根이 없으면 老 金인데 그냥 老金으로 사는 게 낫다.

- 자식들은 잘됐단다. 자식은 己卯다.

- 남편은 동갑 친구였단다. 남편도 己卯다. 도화를 깔았으니 연하남이나 비슷하다.

- 인도네시아에 살 때 커피를 배워 와서 자식들이 커피전문점이라도 하나 하라고 하고 있단다. 그런데 안 하려고 한단다.

  이 사주는 커피도 괜찮다. 子水는 癸水다. 癸水가 커피다. 따뜻한 물이 니 필요하다. 그런데 天干으로 안 나와서 그럴 수도 있다.

- 이 사주도 金水傷官格이기 때문에 사람은 똑똑하지만 火 官星을 반드 시 봐야 되는 거다. 그런데 火가 없다.

- 아버지는 일찍 돌아가셨단다. 아마 癸卯 대운에 돌아가시지 않았을까 한다. 아버지는 庚子다. 子가 死地이다. 子에는 壬癸가 있는데 癸水가 투출한 癸대운이 아버지 死神 투출신이 된 거다. 아버지 死神을 내가 두 개를 가지고 있다. 또 거기다 丑土는 庚金의 묘지인데 丑土에서 癸 水 墓神까지 발동을 해 버렸으니 癸대운에 가셨을 확률이 매우 높다.

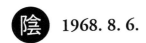

달	큰 바위	기암괴석	큰 산	
丁	庚	辛	戊	坤)
亥	子	酉	申	

▶ 대운

77	67	57	47	37	27	17	7
癸	甲	乙	丙	丁	戊	己	庚
丑	寅	卯	辰	巳	午	未	申

▶ 통변

- 학원 코디네이터로 있다. 사회성도 있고 부동산도 하고 있다. 부동산이 돈이 좀 되는 것 같아 계속 그쪽 일을 해도 좋은지 궁금하단다.
- 庚金은 먼저 丁火가 있는지를 본다. 丁火가 있다. 丁火가 이 사주의 핵이다.
- 壬水가 와서 丁壬合 하면 사기에 걸린다.
- 두 번째로 좋은 글자는 戊土다.
- 庚金이 酉월에 태어나면 羊刃이다. 굉장히 센 사람이다.
- 丁火가 없으면 굉장히 차가운 사람인데, 丁火 때문에 얼굴에 생기가 돌

고 따뜻하다.

- 庚金이 丁火 보면 시집가서 팔자 고치는 거다. 丁火 남편이 나를 녹여 주기 때문이다.

- 그런데 이 사주 자체로 봐서는 이혼했을 확률이 굉장히 높다. 남편이 대기업을 다니다 나와서 지금은 안 하고 있는데, 이혼 여부는 모르겠단다.

- 이혼을 안 했다면 건강이 안 좋을 수도 있다. 地支가 가정궁인데 전부 음기(陰氣)만 가득 차 있다. 냉골 집안이다. 건강사 · 애정사 · 가정사에 반드시 문제가 있다.

- 巳午未 대운에는 火 官星운을 탔으니까 괜찮다.

- 부동산을 계속해야 할지 궁금하다 했는데 부동산은 괜찮다. 왜냐하면 戊土가 두 번째로 좋은 글자이기 때문이다.

- 丁火, 戊土 때문에 이 사주가 살아났다.

- 火대운은 丁火가 살아나기 때문에 무조건 잘나가고 木대운은 財대운이니까 무조건 돈 버는 거고, 亥子丑 가면 차가운 눈보라를 만들어 내니까 사람이 굉장히 쌀쌀해질 거다.

- 金이 강할 때는 설기를 해 줘야 하니 亥子를 써야 된다. 丁火는 官이니까 官 속에서 亥子를 쓰기 때문에 항상 어느 조직에 소속되어 食傷을 쓰는 거다. 조직 속에서 입으로 벌어먹고 산다. 그러니까 혼자 하는 상담은 안 된다. 오직 조직 속에서만 해야 된다.

- 이 사람은 항상 조직 속에서 食傷을 쓴다. 지금 하는 일은 맞다. 부동산도 나쁘지 않다.

물. 형상 통변론

제
八
강

辛金

습한 논	보석	마른 밭	큰 산	
己	辛	己	戊	乾)
丑	巳	未	辰	

▶ 대운

64	54	44	34	24	14	4
丙	乙	甲	癸	壬	辛	庚
寅	丑	子	亥	戌	酉	申

▶ 통변

- 고2때 서울대에 진학하여 3개월 다니고 미국에 유학하여 현재는 미국에서 대학 교수로 재직 중이며, 세계적인 천재라고 한다.

- 운시 : 申 – 마무리, 절약 정신, 준비성이 강하고 대장에 문제 있다.

- 巳丑金으로 보아 從強格으로 볼 수 있으나 그렇게 보면 土, 金, 水運이 吉하고 木, 火運이 凶하다. 고로 金水대운에 잘나가고 木火대운에 힘들다고 할 수 있다.

- 그러나 본 명식은 세력으로 보아 일지에서 투출된 年柱 戊辰을 일간으로 보는 것이 더 합당하다. 戊辰을 일간으로 보면 旺한 오행을 설기하는

辛金이 가장 중요한 核이 된다. 하여 土金傷官格이 되어 머리가 비상하다. 戊辰이라 財庫를 깔아 돈은 많다.

- 巳는 劫殺이라 印星을 겁살로 썼으니 공부는 대단히 열심히 했고 공부 겁살이라 겁탈하듯이 공부를 하여 주변 학생들을 압도했으리라 본다.

- 巳와 丑은 가합(假合)이지만, 천간에 辛金이 있어 天干 유인력에 의해 巳酉丑 三合이 된다. 고로 食傷이 天干과 地支에 다 있어 명실상부한 명교수로 소문이 나게 된다.
  또한 食傷은 제자라 제자가 많다고 보며, 제자들이 이름을 날리게 된다 (食傷이 天干에 투출하여).

- 辰未가 붙어 있으면 식도락가요, 미식가이기도 하다.
  辰土는 식탐에 외국 인연이요, 未土는 손 조작 솜씨다.

- 결혼은 일지와 合되는 운이나 沖되는 운에 많이 하게 되는데, 丙申年, 일지와 合되는 운에 하였다고 한다.

- 丑은 庚金(미국)의 고지라 말년에도 미국에서 살게 된다.

- 辛巳일주로는 약 20~30% 정도로 결혼 전까지만 참고하면 된다. 辛金은 기본적으로 土를 매우 싫어한다. 土多하면 매금되기 때문이다. 하여 부모와 갈등은 심하다고 한다.

엽전	보석	보석	엽전	
庚	辛	辛	庚	坤)
寅	酉	巳	子	
天乙				

▶ 대운

69	59	49	39	29	19	9
甲	乙	丙	丁	戊	己	庚
戌	亥	子	丑	寅	卯	辰

▶ 통변

- 역학을 공부하는 전업주부다.

  남편은 대기업에서 잘나가는 고액 연봉자이다.

- 운시 : 辰 − 욕심이 많다. 아이디어가 좋다. 庚辰 괴강이라 총명하다.

- 天元一氣格이다. 특히 천간에 金이 4개이면 무조건 돈으로 보라. 庚金

  은 엽전이요, 辛金은 보석이다.

- 丙寅년에 결혼했다. 천간으론 丙火 官이 합해 오고, 地支론 寅酉귀문

  이 발동해서였으리라. 寅중 丙火와 酉 중 辛金이 暗合(암합)해서이다.

귀문이 들면 귀신에 들린 듯이 좋아하게 된다.

- 남편은 時柱 庚寅이다. 寅 중 丙火와 丙辛合을 했고, 寅酉 암합을 했기 때문이다. 같은 金이라 친구 같은 부부이며, 일지 내 몸에서 庚金을 자식자리로 투출시켜 남편을 자식처럼 챙겨 준다.

   → 실제로 그렇다고 한다.

- 辛酉일주는 庭內白虎(정내백호)다. 외유내강이다. 旺한 오행은 반드시 설기해야 한다. 子(食神)으로 설기하니 子水가 核이다. 子水는 食神이라 자식이다. 고로 자식에게 올인한다. 역시 식신이라 많이 베풀어야 한다.

   → 실제로 많이 베푼다고 한다. 물론 比劫過多도 되니 지출할 곳도 많다.

- 일간이 강하면 설기하는 食傷을 써야하니 집에 있으면 병난다. 항상 활동을 해야 한다. 보습학원을 운영하여 돈도 많이 벌었다고 한다.

- 辛은 귀신 神 字에서 나왔다. 역학과 인연이 있는 글자이다.

- 신강에 원진이나 귀문이 있으면 집중력, 몰입정신이 강하다.

- 丁丑대운 甲申년에 교통사고를 당했지만, 크게 다치지는 않았고 오히려 보험금이 많이 나왔다고 한다. 신강에 寅巳申 刑殺이라 교통사고를 당해도 무사했으리라 추론된다.

- 丙子대운 말에 타인의 권유로 마지못해 강남에 아파트를 샀는데 사자마자 10억이 올랐다고 한다.

- 時支는 말년이다. 寅이라 말년에 호랑이 노릇을 한다.

- 모 철학원에서 사주를 보았는데, 乙亥대운에 거지가 된다고 해서 걱정이 많았다고 한다. 그런데 아무렇지도 않았다고 한다.

   ← 財를 寅木으로 보고 군겁쟁재가 되어 돈이 없다고 하면 안 된다. 財星은 나의 활동 무대일 뿐이다. 寅호랑이라 큰 무대이다. 즉, 보습학

원도 크게 했다.

- 戌대운은 일간의 帶地이다. 대지운에는 자만과 독선이 따를 수 있다. 자만심을 버리고 많이 베풀면 좋다.

 1960. 8. 10.

논	보석	꽃	철광석	
己	辛	乙	庚	乾)
亥	酉	酉	子	

▶ 대운

53	43	33	23	13	3
辛	庚	己	戊	丁	丙
卯	寅	丑	子	亥	戌

▶ 통변

- 선물옵션의 大家(대가).
- 土生金, 金生水로 구성된 三象格이다. 印比食 구조다.
- 자격증이나 라이센스로 하는 전문직업, 자유직업, 독립사업자이다.

- 본인은 돈이 없다. 남의 돈을 많이 벌어 준다.
  - ← 가을 바위에 핀 꽃. 乙庚合으로 남이 가져간다. 財가 연애 합을 하면 (乙庚合) 돈이 밖으로 나간다. 내 돈이 안 된다.
- 寅대운에는 큰돈을 벌게 된다. 寅(財)가 귀문(寅酉)이 걸렸기 때문이다. 돈이 귀문이 걸리면 귀신 들린 듯이 돈을 벌기도 한다. 특히 寅은 天乙貴人이다.
- 대운에서 天乙貴人을 만나게 되면 품격 높은 사람을 만나 도움을 받는다.
- 卯대운에는 卯酉沖이 강하게 일어나면 天干에 乙辛沖도 함께 작용하여 크게 망하게 된다.
- 子水가 核이다. 조용한 밤에 일하는 형상이다.

암벽산	구름	비	달
戊	辛	癸	丁 坤)
戌	卯	丑	巳

▶ 대운

52	42	32	22	12	2
己	戊	丁	丙	乙	甲
未	午	巳	辰	卯	寅

▶ **통변**

- 癸(食神)은 자궁, 유방.
- 卯 丑 : 격각으로 떨어져 나갔으니(자궁이 떨어져 나갔다) 자궁을 들어낸다. 卯(근육, 자궁)가 卯戌火로 불타니 자궁근육이 약하다.

  卯는 담 → 酉운에 담 수술하여 쓸개가 없다고 한다.
- 丁酉년에 巳酉丑 三合. 卯酉沖 → 담, 자궁 수술수.
- 時柱 偏印 : 자식 인연이 없다(偏印倒食 : 편인도식).
- 月柱와 日柱는 2급 선전으로 젊은 시절 정신적인 문제가 있었다.
- 癸水가 丁火를 끈다. 癸水는 나의 食神이다. → 내 福을 내가 찬다.

난로	촛대	호수	달
촛불	보석		난로

丁	辛	壬	丁	坤)
酉	未	子	酉	

▶ 대운

64	54	44	34	24	14	4
己	戊	丁	丙	乙	甲	癸
未	午	巳	辰	卯	寅	丑

▶ **통변**

- 辛金이 子月에 酉時에 태어났는데 할 일이 뭘까?

- 辛金은 子丑月에 태어나면 조후가 우선이라 丙火를 보아야 한다.

- 겨울엔 丁火도 난로라 좋은데, 떨어져 있어야 한다. 丁火는 辛金을 녹이려 하기 때문이다. 고로 辛金은 丁火를 보면 매우 예민하다.

- 丁火는 화장발, 辛金은 조명발이다. 둘 다 있으면 화장발, 조명발이 잘받는다. 그런데 화장은 잘 안 한다고 한다. 午대운은 년지 기준 도화 대운이라 화장을 잘할 텐데….

- 겨울에 壬水가 丁火와 合을 하면 차가운 물이 불속에 들어가 온수로 변하기 때문에 희생·봉사정신이 강하다.
  辛金일간이 겨울에 온수로 傷官을 쓰는 형상이라 차가운 물에 손 담그지 않고 편하게 사는 모습이다. ← 壬水 傷官(壬子가 부친이요, 丁酉가 모친이라 부모덕에)
- 子月에 조상자리에서 따뜻한 난로를 받쳐 주니 좋은 가문이다.
- 원국에 父親星(부친성)이 없을 때는 月干을 부친으로 본다.
  月干이 合去되는 운에 부친의 유고가 있을 수 있다.
  부친이 壬子요, 모친은 부친과 合이 되는 丁酉다(丁壬).
- 겨울엔 地支에 午, 未, 戌 중 한 자라도 있으면 의식주는 해결된다. 일지에 未土가 있다. → 배우자 덕이 있다.
- 未중 乙木이 있어 아파트는 한 채 있다.
- 봄(木)대운도 좋지만, 여름(火)대운이 더 좋다. 조후가 해결되니까.
- 결혼은 빨리 했단다. 그러면 丁酉가 남편이다. 문창성을 깔아 총명하다. 壬子(양인) 官과 合을 하니 큰 조직에서 일한다.
  → 현대차 기계 관련한 사업을 해서 큰돈을 벌었다고 한다. 그러면 조직 생활을 안 하고 사업을 한 것인데, 官이 강한 경우에도 사업을 하는 경우가 많다.
- 혹시 두 번 결혼 했는지 물었더니, 첫 번째 남편과 잘 살고 있다고 한다. 그렇다면 時柱에 丁酉는 애인으로 볼 수 있다. 酉도화를 깔아 어린 남자라고 추론된다. 일지 배우자궁에 좋은 글자가 있으면 이혼을 잘 안 하게 된다. 애인이 있는 것 같은데 말을 잘 안 한다.
- 木(財星)을 돈으로만 보지 마라. 火대운에 조후가 해결되어 돈 잘 번다고 보라. 이를테면 용신운에 돈 버는 거다.

- 이분은 보석을 특히 좋아할 거다. 辛금이나, 酉金. 戌土, 未土가 있으면 보석을 좋아하는데, 酉金이 天乙貴人이면 더욱 좋아한다.

- 辛金이 子水를 쓸 때는 말이 매우 차갑다. 때에 따라서는 子水가 도화라 부드러울 때도 있다. 이분은 일수 같은 일을 한다고 한다. 사채 하는 사람이라 언행이 차가울 수밖에 없다.

- 未土가 있어 음식 솜씨도 있다.

- 아버지가 돌아가신 후 아들이 아버지 사업을 이어 가고 있는데, 둘 다 일주가 丁酉인데 똑같이 닮았다고 한다.

- 天干으로 壬이 오는 운에는 사기를 당할 수 있다. 丁火를 중히 쓰는데 습으로 용신기반이 되기 때문이다.

- 己亥년에는 己壬탁수로 흙탕물을 뒤집어쓰니 망신수가 있다. 또한 偏印년이라 사기당할 수도 있다. 일지 未 중 己土가 투출하여 본인의 잘못이다.

- 庚子년에는 辛金한테는 무조건 劫財라 돈 손실이다. 辛金은 庚金을 보면 예민해진다. 어디 가서 庚金(깡패)한테 한번 당하고 오지 않을까 염려된다. 子未귀문, 子酉귀문 2개, 子子刑이라 정신적으로 매우 힘들 것이다.

- 辛丑년이 오면 辛辛 고초살(苦草殺)이 되니 주변 사람들 때문에 힘들 테고, 酉丑으로 스트레스 많이 받게 되고, 丑未冲으로 未 중 乙木과 丁火가 깨지니 돈 손실에 문서 손실이 있게 될 것이다.

- 壬寅年에 丁壬습으로 사기당할 확률이 매우 높다. 寅未귀문, 寅酉귀문 2개. 子는 조객에 격각이라 정신적으로 굉장히 힘들 거다. 아마 공황상태가 되지 않을까 싶다.

- 운시가 丑이라 허리가 안 좋다. 丑이 천액성이라 살면서 액을 많이 당한

다. 일지를 丑未冲하니 이혼수는 있는 거다.

→ 본인이 돈이 많아서 돈을 뺏길까 봐 이혼은 안 한다고 한다.

- 時支에 根이 있어 나이 들어서도 계속 일을 한다. 다만, 나이 들수록 똥 고집은 세어진다.

- 도화대운이 오면 평소에 화장을 안 하던 사람도 화장을 하게 된다. 午 는 천을귀인이다. 천을귀인 대운에는 품격 높은 사람을 만나서 도움도 받는다.

- 辛金이 壬水를 보면 자식 애착이 강하다. 머리도 샤프하게 잘 돌아간 다. 피부도 깨끗하다.

먹구름	옅은 구름	비	논밭	
庚	辛	癸	己	坤)
寅	未	酉	丑	

▶ **대운**

71	61	51	41	31	21	11	1
辛	庚	己	戊	丁	丙	乙	甲
巳	辰	卯	寅	丑	子	亥	戌

▶ **통변**

- 辛未일주가 酉월에 寅시에 태어났다. 할 일이 뭔가?
- 辛金은 寅월에는 戊己土를 쓰고, 子丑월엔 丙火를 쓰고, 나머지 월에는 壬水를 쓴다.
- 그런데 壬水가 없다. 그러면 차선책으로 癸水를 쓸 수밖에 없다. 癸水가 己土를 만나도 흙탕물이 된다. 濕(습)과 습이 만났기 때문이다. 년주와 월주가 모두 습이다. 이런 사람은 어렸을 때 감기 천식 달고 산 거다.
- 나이 들어서까지 간호사를 했다고 한다. 辛金이 현침살이다.
- 辛金이 己土를 만나면 길바닥에 떨어진 보석, 천격이다. 또한 가을엔

비가 필요치 않다. 그런데 庚辛 구름이 끊임없이 비를 만들어 내고 있다. 그러니 어디가도 좋은 대접은 못 받는다. 한마디로 인기가 없다.

酉월이면 한로의 계절인데 天干에 따뜻한 글자가 없다. 그러면 얼굴에 온기가 없다. 未 온토를 깔고 있어 속마음은 따뜻하지만 인상은 차갑게 느껴진다.

- 가을에 태어나 대운도 겨울을 타고 왔으니 젊은 시절까지는 힘들게 보냈을 것이다.

  → 그런데 아니라고 한다. 집안이 좋아서 그 시절에 간호대학까지 나왔단다.

- 본 명식의 核은 일지 未土이다. 고로 남편덕은 있다.

  남편은 일지 未土에서 투출된 년주 己丑이다. 년에 있으니 일찍 결혼했다. 그런데 월주가 막고 있으니 세월이 흐를수록 정은 멀어져 가고, 나와는 丑未冲이 되어 있으니 깨질 확률이 높다. 그렇더라도 일지 배우자궁이 吉神이면 이혼을 잘 안 한다. 떨어져 살든지, 각방을 쓰든지 간에 무슨 수는 있었을 거다.

  → 남편이 술을 많이 마셔서 피곤하게 했다고 한다.

- 남편은 己丑 간여지동이라 사람은 반듯한데 偏印이라 잔소리가 심할 것이다.

- 이혼 사주인데도, 이혼을 안 했다면 필경 신앙인일 것이다.

  → 부부가 교회를 열심히 다닌다고 한다.

- 건록격이라 자존심은 강하다. 일지 未중에서 己土편인이 투출하여 외골수 고집도 매우 강하다. 물론 남편도 丑土를 깔고 있어 소고집에다 일복이 많다.

- 남편 己土는 癸水 偏財를 보고 있는데 사업을 했는지 묻자, 40세까지

대학교에서 직장 생활을 하다가 일찍 명퇴해서 부부가 같이 식당을 했다고 한다.

- 辛金이 壬水를 쓰면 맑은 물에 보석을 씻는 격이라 좋은데, 癸水를 쓰고 있다. 그러면 임기응변에 강하고 특수한 맛이나 향, 기술을 쓰게 된다. 의약업 분야에 종사하는 사람도 많다.

  식당을 한다니 다른 사람이 안 쓰는 뭔가 특이한 맛을 내는 음식일 것이다. 평범하지는 않을 것이다. 未土가 음식 솜씨라 음식 솜씨도 좋다.

- 辛未일주의 물상은 未土가 밀가루요, 辛金이 칼이라 주방장이 많다고 했다.

- 성격은 매우 예민하다. 辛금 보석 옆에 庚金 철광석이 흠집을 내고 있어서다. 辛金이 時干에 庚金이 있으면 여자의 경우 밖에서 성폭행을 당하기도 한다. 寅이 역마지살이라 寅時에 돌아다니면 그럴 확률도 있다고 보라.

- 남편이 술을 많이 마셔서 싸우는 날이 많다고 한다.

- 배우자궁에서 己土가 투출했기 때문에 반드시 남편 문제가 일어난다. 또한 남편 己土가 발동이 걸리기도 한다. 남편은 언제든 수술수가 있는 형상이다. 地支는 하체인데 하체 丑옆에 酉(칼)이 合을 하고 있기 때문이다. 칼이 내 몸에 들어오는 형상이다.

  → 금년 己亥년에 남편이 쓰러져서 식물인간이 되었단다.

- 남편이 몸이 다부지고 땅땅하게 생겼을 것이다. 丑을 깔고 있으면 대체로 몸이 땅땅하고 하체가 발달한다.

  → 쓰러지기 전까지 테니스를 열심히 했었다고 한다.

- 운시도 甲木이라 장녀 아니면 장녀 역할이요, 戊이 있어 평생 주머니에서 돈이 떨어지는 일은 없다.

- 여자가 寅未 귀문이 있으면 요실금이 있다.
- 酉丑 合이 있어 스트레스 국이라 평소에 스트레스를 많이 받는다. 그런데 남편과 형제가 酉丑合을 만들어 내고 있으니, 남편 때문에 스트레스를 많이 받는 거다. 酉는 형제도 되니 형제들 때문에도 스트레스 많이 받는다고 보라.
- 본인은 임대아파트에 사는데, 형제들은 다 잘산다고 한다.
  財(돈)은 木인데, 未 중 乙木이 있어 아파트 한 채는 있다고 보는데 임대아파트라…. 아파트는 있었는데, 오래전에 팔았다고 한다.
- 未를 冲하거나, 刑하는 운에 아파트에 문제가 있다고 보라. 冲운에는 집문서가 깨질 것이고, 刑운에는 아파트에 조정할 일이 있게 된다(대출담보 등).
- 戊戌년에 수족을 다치지 않았나? 未 중 乙木은 수족이다. 戌未刑이 걸리면 수족을 다칠 확률이 높다. 실제로 戊戌년 상담할 때 보니 잘 맞더라. 丑戌未 三刑까지 걸렸으니까.
  → 그렇지는 않았다고 한다.
- 남편이 좋아질 가능성은 있는가?
  식물인간이 되었는데, 일반적인 상식으로 쉽게 좋아지리라 보기는 어렵지 않겠나. 남편 사주를 봐야 더 정확히 볼 수 있는데, 본 명식에서 남편의 미래까지는 보기 어렵다.
- 언제 상복을 입을까?
  금년 己亥년에 입을 수 있다. 丑이 상문이요, 酉가 조객이라 상복수도 있다고 본다.

 1959. 4. 12.

촛불	촛대		논밭	
丁	辛	己	己	坤)
酉	丑	巳	亥	

▶ 대운

66	56	46	36	26	16	6
丙	乙	甲	癸	壬	辛	庚
子	亥	戌	酉	申	未	午

▶ 통변

- 辛丑일주가 巳酉丑 金局을 깔고 있다. 격국으로 보면 陰金福德格(음금 복덕격). 辛巳, 辛酉, 辛丑일주가 地支에 巳酉丑 金局을 짜고 있으면 음금복덕격이라 하여 특수격으로 본다. 이때는 金과 상쟁하는 火運을 가장 싫어한다.

  寅은 天乙貴人이라 좋고, 旺한 金氣를 설기하는 水운도 좋다.

- 巳酉丑 金局은 스트레스 국이다. 평소에 스트레스를 많이 받는다.

- 일지(내 마음자리)에서 己土 偏印이 2개나 투출되어 외골수 고집이 아주 강하다. 또한 여자는 일지에서 투출된 偏印이 凶작용이면 자식이 장애

아 등 문제가 있다(편인도식).

亥는 욕지이며 구정물이다. 내가 구정물에 손 담그는 형상이다. 또한 욕지는 어설프게 일을 벌이기도 하며, 과거 청산을 잘한다.

- 이 사주의 核은 亥水다. 旺한 五行은 반드시 설기를 해야 한다. 여기서는 亥 중 壬水를 아주 중요하게 쓴다.

  亥水는 바다역마라 외국, 해양수산, 밤일 등에 인연이 있다 역마가 核이라 활동성이 강한 직업이다.

- 偏印이 2개라 전문자격증이 2개 이상 있다고 보라.

- 辛金은 丁火를 싫어한다. 丁火가 있으면 매우 예민하다. 금반지를 라이터불로 그을리는 형상이다. 운시(午)도 육해살이라 예민하다. 하여 살이 잘 안 찐다.

- 辛丑일주는 근면 · 검소하고 아무리 어려운 일도 헤쳐 나가는 꼼꼼한 성격이다. 계산이 정확하니 어떤 모임이든 총무를 보면 잘한다. 형제간에 보증을 설 일이 있고, 보증 서게 되면 잘 떼이기도 한다.

- 丁火는 촛불이요, 辛金은 촛대이니 기도 생활을 해야 한다.

  특히 酉는 황금 촛대이니 집에 부처님을 모실 수도 있고, 신을 모실 수도 있다. 하다못해 불화(佛畫)라도 있을 것이다.

- 일지에 丑이 있으면 허리 디스크, 관절, 대장종양에 유의하라.

- 일지 배우자궁(丑)에서 己土가 2개 투출했다. 결혼을 빨리 하게 되면 2번 할 수 있는 命이다.

- 寅申巳亥가 역마지로 亥는 바다역마인데, 다른 건 어떻게 보는가?

  寅은 육지역마, 申은 차량, 철도역마, 巳는 하늘역마라 비행기 타고 다닌 거다.

- 이 사람의 직업은 무엇인가?

현재 철학원을 하고 있다. 丁火가 영감이라 원국에 丁火가 있으면 타로를 잘한다. 물론 기도 열심히 하면서….

- 일지는 본인의 마음자리도 된다. 마음자리에서 己土 偏印이 투출되면 외골수 고집이 매우 강하다. 특히 투출된 偏印이 凶작용이면 편인도식이 되어 자식이 불량해진다. 장애를 가진 자식이 있을 수도 있다.

- 남편은 己亥다 일지 투출신이 2개 있지만, 亥 중 壬水 자식이 있어 己亥가 남편이다. 年柱에 있으니 결혼은 빨리 했다. 偏印이라 남편이 계모처럼 잔소리가 심했을 거다. 물론 월주가 가로막아 각방을 쓸 수도 있고, 이혼수도 있다.

- 辛金이 己土를 보면 길바닥에 떨어진 보석이라 천격이 된다. 년월에 己己가 있으면 끝없는 가시밭길을 걸어온 형상이다. 하여 젊은 시절엔 삶이 힘들었을 것이고, 가시에 찔려 몸에 상처가 있을 것이다.
  습토가 강하면 어린 시절 감기, 천식에 시달리기도 한다.

- 辛金일간이 신약할 때는 己土가 아주 좋은 역할을 한다. 그때는 길을 가다 금반지를 줍는 형상이요, 밭을 갈다 금덩이를 줍는 형상이라 횡재수가 많다. 그러나 본 명식은 신강이라 그렇지 못하고 오히려 천격으로 간다.

- 본 명식은 陰八通이다. 여자가 음팔통이면 과부 팔자라 했다. 꼭 과부라기보다는 외롭다고 보라. 陽氣가 없어 음양의 조화가 안 되어 있으니 건강도 안 좋게 된다.

- 財星이 없다. 돈이 없는 게 아니라 활동 무대가 없고, 현실성이 떨어진다고 보라. 그래서 길을 잘 못 찾는 길치가 된다. 재성은 음식도 되는데 식탐이 없는 경우도 많다.

촛불	촛대	약초	이슬	
丁	辛	乙	癸	乾)
酉	酉	卯	卯	

▶ 대운

64	54	44	34	24	14	4
戊	己	庚	辛	壬	癸	甲
申	酉	戌	亥	子	丑	寅

▶ 통변

- 봄은 木旺節이다. 생명을 싹 틔우고 키우는 계절이다.

  그런데 金(庚, 辛)은 木(생명)을 자르려는 근기를 가지고 있다. 金일간이 봄에 태어나면 반대의 계절에 태어나 어려운 가정에서 고통받고 태어난 형상이다. 부모에게 버림받은 경우도 많다.

- 辛金도 根이 2개나 있어 강하지만, 乙木도 根이 2개 있어 강하다. 卯酉 冲으로 보지 마라. 물론 運에 따라서는 卯酉 冲 작용이 일어난다. 卯卯刑, 酉酉刑으로 보라.

- 辛金은 보석이라 丁火만 보면 성격이 예민하다. 성냥불로 금반지를 흠

집 내는 형상이기 때문이다.

- 乙木이 부친인데, 부친도 예민하다. 辛金 전지가위로 乙木 꽃을 단번에 베려고 하기 때문이다.

- 木을 키우는 명식에선 卯月부터 水가 필요하다. 뿌리도 왕하니 더욱 필요하다고 볼 수 있다. 그런데 癸水는 根이 없어 저녁 이슬(酉時에 癸水)에 불과하다.

- 甲乙木을 키우는 사주는 가을이 힘들다. 申金과 酉金이 寅, 卯木을 冲으로 자르기 때문이다. 나무는 뿌리가 잘리면 天干에 木이 열 개라도 다 죽는다. 뿌리가 없으면 살 수 없기 때문이다. 현재 酉대운이라 卯木을 자르기 때문에 힘들다. 그러나 뿌리가 2개라 완전히 작살나지는 않는다.

- 己酉대운에 금년이 己亥년이다. 己土는 지장간에 없다. 그러면 팔자에 없는 己土가 온 것이다. 偏印이다. 편인은 거의가 사기로 보면 된다. 사기당할 확률이 높다.

- 이 사람은 사업을 하는가? 사업을 한다.

  사기를 당했는가? 본인은 말은 안 했지만, 당한 걸로 알고 있다.

- 현재 己酉대운이 가장 힘든 시기다. 卯酉冲에 돈의 뿌리가 잘려 나가고, 酉酉刑이 발동이 걸린다. 酉酉刑에 음독자살이 많고, 날카로운 칼이라 동맥을 끊는 형상도 된다. 하여튼 조심해야 하는 운이다. 특히 酉酉刑은 칼과 칼이 부딪히는 형상이라 몸에 흉터가 있다.

- 부부궁에 刑과 冲이 있으니 부부 싸움은 매우 심할 것이다. 또한 일주 간여지동이다. 일명 부부배반살이다.

  → 실제로 자주 싸운다고 한다.

- 水대운에는 나무에 물을 충분히 주었기 때문에 잘나간다.

  그러나 천간에 丙丁火가 없어 크게 발복하지는 못한다.

- 庚戌대운은 좀 어렵다. 庚劫財가 와서 내 돈 乙木을 합거해 가기 때문이다. 또한 月支(格)을 卯戌合으로 묶어 버리기 때문이다. 格(卯)이 戌에 입묘되어도 매우 힘들다.
- 卯酉戌 藥病因字(약병인자)인데, 地支는 약병인자로만 되어 있다. 골동품 사업을 한다고 한다.
- 酉는 주변 사람들이요, 卯는 돈이라 주변 사람들과 돈 때문에 신경 쓰고 스트레스받을 일이 많을 것이다.
- 印星이 없다. 인성이 없으면 생각이 짧아 즉흥적이고, 일의 두서가 없다.
- 卯卯刑이 있으면 어릴 적 병약하다고 본다.
- 운시가 甲木이라 장남이거나, 장남 역할을 한다.
  寅은 일처리가 깔끔하다.
- 庚子년도 乙庚合으로 돈이 나가고, 子卯刑으로 돈이 삭감되고, 子酉귀문이 2개 발동하니 정신적으로 매우 힘들 것이다.
- 辛丑년도 辛金이 乙木 돈을 자르고, 卯는 상문에 걸려 역시 돈이 삭감되니 경제적으로 힘들어진다.
- 壬寅년은 辛金 보석을 빗물에 씻어서 녹슬었는데 壬水 맑은 물로 씻으니 좋다. 즉, 食神을 쓰다 傷官을 쓰니 새로운 일을 벌일 수도 있고, 투잡을 할 수도 있을 것이다.
  丁壬合으로 용신기반이 되니 사기를 당할 수도 있다. 寅酉 쌍귀문에 걸리니 역시 정신적으로는 힘들게 된다.

 **1958. 12. 11.**

암벽산	칼·괴석	화초	암벽산	
戊	辛	乙	戊	乾)
戌	丑	丑	戌	

▶ 대운

75	65	55	45	35	25	15	5
癸	壬	辛	庚	己	戊	丁	丙
酉	申	未	午	巳	辰	卯	寅

▶ 통변

- 현황 : 광주에서 IT 사업을 하고 제주도에서도 사업을 하고 있는데, 땅
  도 많고 외모는 귀티가 난다.
- 운시 : 寅 - 일처리가 깔끔하다.
- 이 사주는 종강격으로 보아서는 안 된다. 辛金은 매금되었다. 살길이 없
  다. 그러면 기세론으로 보는 사주다. 土가 대세를 이루니 土를 체로 봐
  야 된다. 고로 戊戌을 일간으로 봐야 된다.
- 土金 상관이니 머리가 비상하고 똑똑하다.
- 그러니 쓸 수 있는 것은 辛金이다. 金을 캐는 사주다. 戊戌이라 큰 산에

서 辛金 보석을 캐는 사주이기 때문에 자존심이 굉장히 강하고 투기성도 있다.

- 乙木도 여기서 살길이 없다. 土多木折에 辛金한테 잘려 버린다.
- 子丑월에는 지지에 午未戌이 필요하다. 戌土가 두 개나 있다. 조상덕이 있고, 말년복이 있고, 자식복이 있다.
- 丑월에 이렇게 조후가 됐을 때에는 丑土는 금고가 된다. 금고가 두 개나 있다. 丑은 보석 창고도 된다고 했다. 알부자다.
- 辛金 食傷이 핵이니 남한테 베풀기를 잘해야 한다.
- 丑戌은 의료의 별이다. 또 辛金이 수술용 메스도 된다. 그래서 나는 의사는 아닐까 했었다.
- 원국에서 이미 조후가 해결되어 있고 火대운도 조후가 해결되니 좋고, 申酉대운은 이를테면 용신운이니 돈 벌고 앞으로도 잘나간다.
- 土가 많으면 장에 문제가 있을 수 있다. 그런데 金운을 타면 괜찮다. 그런데 왕한 오행은 운이 나쁘면 종합병원이 되는 거다.
- 항상 丑월에 태어난 사람들은 조후가 되어 있나를 봐라. 조후만 되어 있으면 알부자다. 丑 자체가 금고이기 때문이다. 이 사주는 아주 잘나가는 귀격사주다.

달·촛불	촛대·보석	태양	거목	
丁	辛	丙	甲	乾)
酉	亥	子	寅	

▶ 대운

71	61	51	41	31	21	11	1
甲	癸	壬	辛	庚	己	戊	丁
申	未	午	巳	辰	卯	寅	丑

▶ **통변**

- 현황 : 남자는 소방직 공무원이다. 처는 CJ에 다니고 있다. 승진을 할
  수 있는지가 궁금하단다.

- 운시 : 丑 – 허리가 안 좋다. 천살이라 종교를 부정하며 잘난 체를 잘한
  다. 여자는 기고만장. 偏印이라 할머니, 이모, 고모와 인
  연이 있다.

- 이 사주는 甲木을 키우는 사주다. 木이 돈이다. 겨울이라도 甲木이 丙
  火가 있기 때문에 키운다. 여름에 키우는 것은 누구나 키운다. 겨울에
  키우는 것은 격이 다르다.

- 이런 사주는 겨울에도 木을 키울 수 있는 조건이 딱 갖춰져 있어서 대운하고 상관없이 어느 계절이든 좋다. 나무 키우는 사주는 봄여름에 더욱 좋으니 寅卯辰 巳午未대운에는 더욱더 잘나간다.

- 그런데 운에 따라서 가끔 丙辛합을 한다. 헛짓거리 하는 거다. 명예를 찾아서는 안 된다.

- 金水 상관격이 丙火를 봤다. 머리가 아주 좋다.

- 甲寅이 처다. 처가 丙火 보고 꽃을 피웠다. 木火通明이라 인물 좋고 똑똑하다.

- 그런데 甲木은 辛金이 양에 안 찬다. 나무껍질을 면도칼로 긁어 대는 형상이다. 辛金은 甲木을 굉장히 좋아한다. 나는 처를 좋아하는데 처 입장에서는 남편이 양에 안 차는 거다.

- 辛金은 丁火를 봤다. 보석을 라이터불로 그을린 형상이라 성격이 예민하다.

- 이 사주는 처덕으로 사는 사주다.

- 이 사람은 소방관이라고 했는데, 불을 못 끄는 사람이다. 물은 있는데 불이 없다. 불을 끌 수 있으려면 적어도 지지에 寅午戌 火국을 짜야 된다. 아마도 운전이나 했겠다.

   → 불차 운전하다가 내근직으로 갔단다.

- 승진을 할 수 있을까?

   己亥년 : 甲己合은 작용 정지라는 의미가 있다. 偏印과 財가 묶였다. 문서 잡으면 안 될 거다. 偏印은 윗사람도 되는데 승진하려면 윗사람 도움이 필요한데, 윗사람이 묶였으니 안 된다. 亥亥刑은 나의 하는 일이 刑이 걸렸다. 잘 안 된다. 신경 쓰고 고민 많고 힘들다.

   庚子년 : 辛金은 庚金이 오면 흠집이 나고 예민하고 경쟁자다. 또 子子

刑이 걸리고 안 된다.

辛丑년 : 내 丙火를 묶어 가 버린다.

壬寅년 : 壬水로 辛金을 깨끗하게 씻어 주고 丁壬合이 되는데 여기서 合去는 좋은 거다. 正偏官 혼잡시 하나를 없애 주는 것은 좋다. 그러면 내가 丙火를 쓴다. 官으로 인해서 반짝반짝 빛이 난다.

- 승진은 壬寅년에 될 것 같다. 그리고 壬寅년에는 寅亥合이 된다. 寅은 財다. 돈이 들어온다. 그러나 六合이기 때문에 六合운에 이혼할 수도 있다. 六合운에는 미혼자는 결혼하고 기혼자는 이혼할 수도 있다. 돈도 벌지만 이혼수도 있다.

- 이 사주는 사업을 해야 되는데 항상 官하고 合을 하려고 한다. 辛금이 丙火하고 合을 한 것 자체가 잘못이다.

- 나무를 키우는 사주는 木이 돈이니 甲寅이 돈이지만, 甲寅 처가 벌어 준 돈이고 나는 처가 돈인 것이다.

- 亥중 甲木은 살아 있다. 물속에 돈이 있으니까 소방서는 갔는데 불은 못 끈다. 亥가 역마지살이니까 물을 싣고 돌아다닌 거다. 그 속에 돈이 있기 때문이다.

제
九
강

壬
水

태양	호수	꽃	바위	
丙	壬	乙	庚	坤)
午	午	酉	午	

▶ 대운

52	42	32	22	12	2
己	庚	辛	壬	癸	甲
卯	辰	巳	午	未	申

▶ 통변

- 회사에 다니며, 연구직이다. 큰 키에 미인이다. 머리 스타일도 남자형의 단발머리다.
- 운시 : 甲 – 장녀 아니면 장녀 역할.

  申 – 절약 정신, 준비성이 강하다. 대장에 문제가 있다.
- 酉月의 壬水는 金水双淸(금수쌍청)이다. 선비정신으로 고결하다.
- 수원지(庚金)이 없거나, 根이 없는 壬水는 고갈된다.

  수원지(庚金)가 乙木과 合을 하여 수원지 역할을 못한다. 酉金은 旺地(旺地는 生을 잘 못한다)에다, 壬水의 浴地라 수원지 역할을 하지 못한다. 또한 酉金은 午火를 보면 맥을 못 춘다. 고로 酉金 역시 수원지 역할을 못한다. 壬일간은 旺한 火에 둘러싸여 고갈되어 가고 있다.

- 즉, 일간이 극신약할 때는 일간을 다시 보아야 한다. 기세론으로 보더라도 丙火가 강하고, 또한 일지에서 丙火가 時干으로 투출하였으니 時柱 丙午가 일간이 된다.

- 壬 丙 강휘상영이라 미인이다.

- 乙木은 머리털인데 酉(칼날) 위에 있어 짧게 자르게 된다. 또한 乙庚合이 되면 곱슬머리가 많다.

- 일간 丙火는 羊刃(午) 3개나 된다. 고로 프로 정신이 강하다.

- 부친은 庚午가 되는데 일간의 羊刃, 즉 칼날 위에 있다. 매우 위태하다.
  → 하여 부친은 초등 시절 일찍이 사별했다.

- 모친은 乙酉다. 여자는 일지가 자궁인데, 일지가 양쪽에 똑같은 글자(午)를 가지고 있으면 자궁이 양쪽에 걸려 있는 형상이라 두 번 결혼하게 된다. 첫 번째 남편은 庚午가 되고, 두 번째 남편은 壬午가 된다. 壬午 역시 羊刃(칼날) 위에 있어 같이 살면 위험하다.
  → 고로 현재 떨어져 살고 있다.

- 火旺에 火대운이라 火가 더욱 강하여 壬水가 적수오건될 수 있다. 壬水(官)가 너무 약하다. 이런 경우엔 직장 생활을 있는 듯 없는 듯 아주 조용하게 한다. 직장에서 설쳐 대면 旺한 火들이 壬水를 증발시켜 없애 버리기 때문이다. 하여 조용하게 연구만 하고 있는 형상이다.
  또한 壬水는 지혜이며, 밤 글자(亥)라서 연구직이 많다.

- 庚辰대운에 辰土가 旺한 火氣를 설기하니 비로소 활동성 있는 일을 하게 될 것이다.

구름	호수	호수	활화산	
辛	壬	壬	戊	乾)
亥	子	戌	午	
	羊刃		戊土의 羊刃	

▶ 대운

67	57	47	37	27	17	7
己	戊	丁	丙	乙	甲	癸
巳	辰	卯	寅	丑	子	亥

▶ 통변

- 외국 유학을 다녀와서 취직은 못하고, 식당을 하다가 금년(2019년)에 정리하고 지금은 백수로 지내고 있다.

- 戊戌로 물 막는 댐 사주다. 水(물)이 돈이다.

- 학창 시절엔 比劫대운이라 공부보다는 친구와 어울리기를 더 좋아했다.

- 본 명식은 木0, 火1, 土2, 金1, 水4개라 木을 제외한 4行이 있지만, 실제로 水와 土만 있다. 辛金은 구름이 되어 壬水를 生하고 午火는 戊土

댐을 보강해 주기 때문이다. 午戌火局으로 보면 안 된다.

고로 水와 土 2개의 오행으로만 구성된 兩氣格도 된다.

- 이를테면 体用法으로 보아야 한다.

体　用

水　土

土　水

体를 水로 보면 쓸 수 있는 것은 土뿐이다. 즉 偏官을 쓴다. 偏官은 강한 직업군도 되지만, 사업도 된다. 土를 体로 보면 쓸 수 있는 것은 水뿐이다. 즉 偏財다. 고로 사업을 하여 돈을 벌겠다는 것이다. 사주에 財, 官만 있으니 인생의 목표의식은 뚜렷하다.

- 土를 体로 보면 戊午가 일주가 된다. 활화산이라 성질이 급하다. 羊刃을 깔아 프로 정신이 강하다.

財星이 활동 무대라 壬戌, 壬子, 辛亥 3개가 된다. 하여 활동 무대의 변화가 최소 3번 이상 있게 된다. → 음식점(한식)을 3번 했다고 한다.

또한 財星은 여자도 되니 결혼도 3번 이상 하게 된다.

→ 실제로 3번 이혼하고 지금은 혼자라고 한다. 자녀도 2명의 처에게서 한 명씩 낳아 두 명이다. 또 결혼을 하려고 하니 부모가 만류한다고 한다.

- 첫 번째 처는 壬戌이다. 괴강이니 똑똑하고 물 막는 데 가장 중요한 戌土를 가지고 있으니 처덕이 있다.

- 두 번째 처는 壬子이다. 양인을 깔아 성깔이 있고, 부부 싸움을 할 때는 刃이 칼이라 칼을 들고 하는 형상이다. 물론 본인도 午 양인(칼)을 깔아

똑같은 형상이다. 칼과 칼이 부딪치며 부부 싸움을 하는 형상이다.

세 번째 처는 辛亥이다. 傷官을 깔고, 壬水傷官을 투출시켜 깔끔하고 세련되었으며 매우 총명하다.

→ 첫 번째 처와 세 번째 처는 처가 요구하여 이혼을 하였고, 두 번째 처는 너무 사나워 본인이 요구하여 이혼을 하였다고 한다. 첫 번째와 세 번째는 본인의 욱하는 기질 때문(활화산)에 이혼하였다고 후회가 된다고 한다.

만일 또 결혼하게 된다면 역시 辛亥를 만나게 된다.

- 앞으로 또 식당을 하고 싶은데 무엇이 좋겠냐고 묻는다. 본인은 옛날에 잠깐 술장사도 해 봤는데 술장사가 밥장사보다 더 적성에 맞다고 한다.

당연하다. 물(水)이 돈이기 때문이다. 地支가 午火를 빼곤 모두 밤 글자이며, 水의 글자이다. 고로 밤에 물장사가 좋다 亥水도 있으니 삼겹살도 곁들이면 좋지 않을까 조언해 주었다.

- 부모가 땅이 많은데, 일부를 팔아서 장사 밑천으로 대 준다고 한다. 언제 시작하면 좋을까 물어본다.

내년이 庚子년이니 좋다고 했다. 이는 庚金이 水를 生하고 子를 달고 와서 水가 강해지기 때문이다. 물론 子午沖이 있어 문서의 문제, 혹은 기분의 업 다운이 심할 수도 있겠다. 子子刑이라 돈 때문에 신경은 많이 쓴다. 돈 때문에 조정할 일도 있게 된다.

- 부모가 땅이 많은 것은 본 명식에서 가장 중요한 戊戌土가 年月 부모조상 자리에 있기 때문이다.

- 금년(己亥年)은 壬水財가 己壬濁水가 되었고, 亥亥刑으로 역시 돈 때문에 신경 쓸 일이 많았다.

구름	호수	꽃	꽃	
辛	壬	乙	乙	乾)
亥	寅	酉	酉	
	文昌			

▶ 대운

76	66	56	46	36	26	16	6
丁	戊	己	庚	辛	壬	癸	甲
丑	寅	卯	辰	巳	午	未	申

▶ 통변

- 명경지수라 富보다는 貴다. 선비정신. 가을의 壬水는 明鏡(명경)之水이니 곡식과 과일을 키우지 못한다. 酉月의 壬水는 金水雙淸(금수쌍청)이다. 재물과 인연이 없다.

- 財官이 없는 사주가 어떻게 고위직에 오를 수 있을까?
  財官이 없다는 것은 남들이 나를 이용하려 한다는 것이다. 인생의 목표가 없다. 氣가 약하고 활동 무대가 없다.

- 壬寅일주가 신강하면 베풀기 잘하고, 한량 기질이 있다.

- 처궁에 장모가 들어와서 많은 水를 빼 주고 있다. 장모덕이 크다(장모가 국회의원으로 도움이 매우 컸다). 장모가 寅이니 호랑이다.
- 쌍원진이 있어 집중력, 몰입정신이 매우 강하다.
- 寅亥合 : 무릎에 검은 점. 무릎이 안 좋을 수도 있다.
- 처는 合神인(寅亥合) 辛亥다. 깔끔하고 인물이 좋으며 치장을 잘한다. 씻기를 좋아한다. 똑똑하다.
- 寒露(한로)에 乙木이 根이 있어 약초다. 쓰임새가 많다.
  火가 없으니 빛 좋은 개살구. 쭉정이 농사를 지었다. 그래서 큰돈은 없다. 물이 많아 물을 빼야 하니 여자를 밝힌다.
- 관이 없어도 印星이 根이 있어 강하니 결재권이 큰 고위직에 인연이다.
  → 장모의 힘으로 국영기업체 사장을 역임했다.
- 乙 傷官이 桃花地 위에 있어 언행이 도화다. 야담을 잘한다.
  乙 傷官이 酉 찬 서리 위에 있어 말이 서릿발(秋霜)이다.
- 酉酉 刑殺이 있어 몸에 흉터나 수술 자국이 있다.

_____ 물, 형상 통변론

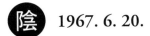

陰 1967. 6. 20.

거목	호수	달·촛불	
甲	壬	丁	丁 坤)
辰	辰	未	未

▶ 대운

74	64	54	44	34	24	14	4
乙	甲	癸	壬	辛	庚	己	戊
卯	寅	丑	子	亥	戌	酉	申

▶ 통변

- 34세 辛亥대운까지는 전업주부로 살았는데, 44세 壬子대운부터 아바타 종교에 푹 빠졌다. 남편·가족·친구들 모두 끌어들이려고 한다. 자기 말을 듣지 않을 경우에는 이혼하고 가족들도 안 본다고 한다. 오히려 거기서 선봉에 서면서 자기만의 세력을 만들려고 한다.

- 여름철의 壬水는 어릴 적 예쁨을 많이 받고 자란다.

- 華蓋多逢(화개다봉) : 종교성, 예술성(일지 辰, 未), 고독.

- 丁丁 : 남의 가슴에 못 박는 소리를 잘한다.

  未未 : 하다가 중단하기를 잘한다. 중풍, 당뇨.

辰辰 : 욕심, 당뇨, 피부병.

　辰은 爭鬪(쟁투)의 神, 吉神이면 和解(화해)의 神.

- 2天2地라 2번 결혼할 수 있다.

- 여명 괴강 : 사모님 소리를 못 듣는다. 남편 덕이 없다.

　직업여성이 많다. 총명, 우두머리 기질, 지고는 못 산다.

- 丁火가 未土나 戌土에 根하면 감성이 풍부.

- 여자 未月生 한여름에도 찬물 샤워를 못한다.

- 辰 : 늦게까지 생리가 있다. 자궁에 항상 습기가 차 있다. 피부가 곱다.

- 壬子대운에 세력이 생기니 水火(정신적)의 문제 발생.

　子未원진(天干의 壬, 丁은 원진 발동神) : 약한 일간이 운에서 힘을 얻게

　되면 전쟁을 일으키게 되니 다치거나, 병들거나, 심하면 죽는다.

- 甲木 키우는 사주 : 丁火로 키우니 힘이 든다.

　더구나 妬合(투합)이라 木을 키우려 하지 않는다.

　丁 = 午 : 神氣(신기), 혀, 심장.

　→ 丙火로 키우면 종교에 빠지지 않는다.

- 食傷(자식, 신도)인 乙木이 모두 4개 지장간에 있으니 지하조직이다.

- 官이 투출되지 않아 큰 직책은 못 맡는다.

- 甲寅, 乙卯대운엔 설교만 한다.

　→ 신약에 印星이 없어 허풍, 과장이 강하고 논리, 조리가 없다.

- 印星이 있는 食傷은 예절이 있는 행동,

　印星이 없는 食傷은 예절이 없는 행동.

- 壬子대운 : 壬水가 用神인데 丁火와 合 → 用神羈絆(용신기반) → 사기
　를 칠 수도 있고, 당할 수도.

- 癸丑대운 : 이혼할 수도.

두 번째 남자는 時支 辰 중 戊土, 즉 甲辰이다.

甲辰이라 자존심, 돈 있다. 食傷 속에 있으니 신도다.

甲木(나의 언행)이 辰土를 克하니 두 번째 남편을 우습게 안다.

- 겉으로는 甲食神이 辰화개지를 깔아 제법 종교적·교육적으로 말하지만, 속으로는(지하조직 신도에게는) 乙木 화개지 속의 傷官을 쓰니 새처럼, 사바사바하게 말을 잘한다.
- 未未는 기독교, 辰辰은 유교 → 고로 기독교 계통의 종교에 유교적인 의미가 가미된 종교로 추론된다.
- 壬辰일주 子運이 오면 배우자가 바람을 피우거나, 아님 멀리 가거나, 운이 나쁘면 감옥에 가기도. 子 比劫이 官의 역할을 깨 버리기 때문.

절벽산	호수	태양	오솔길 밭	
戊	壬	丙	己	乾)
申	子	寅	巳	
生地	刃	文昌	天乙	

▶ 대운

66	56	46	36	26	16	6
己	庚	辛	壬	癸	甲	乙
未	申	酉	戌	亥	子	丑

▶ 통변

- 유명 연예인이다. 아이돌 가수다. 己亥年에 스캔들로 구속되었다.

- 운시 : 乙 - 말을 잘한다. 단거리 여행을 좋아한다. 쏘다닌다.

　　　　丑 - 천액성.

- 산정호수에 태양이 석양빛에 물들어 있다. 미남이다.

- 寅이 核이다.

- 戌대운엔 戊戌(암벽산, 큰 댐)로 물을 막는다.

　　→ 사업으로 큰돈을 번다. 매우 바쁘게 산다.

- 己亥年 : 己土 正官 발동하여 壬水와 濁水 → 官 망신.

  巳亥沖 : 외국 갈 일.

  寅亥合 : 格이 묶인다.(凶), 亥 주변 사람들로 인하여 하는 일이 묶인다. 食神이 묶이면 더 힘들다.

  申亥害 : 주변 사람들로 인하여 偏印星이 방해받는다.

태양	호수	큰 산	호수	
丙	壬	戊	壬	乾)
午	子	申	申	
羊刃(칼)	生地	生地		

▶ 대운

77	67	57	47	37	27	17	7
丙	乙	甲	癸	壬	辛	庚	己
辰	卯	寅	丑	子	亥	戌	酉

▶ 통변

- 壬子, 癸丑대운에 무역업으로 大發했다가 甲寅대운에 제조업을 하여 망했다.

- 甲이 戊土 護財星(호재성)을 깨니 年干 比肩으로 큰 손해. 藥神(약신)인 戊土를 克. 水旺하여 丙午를 아예 꺼 버린다. 원국에 없는 木(寅)이 와서 沖당하면 寅이 당한다.

- 甲寅대운은 6번째 대운이라 月柱를 天克支沖하여 환경의 큰 변화를 겪는다. 월급자는 퇴직하는 운이고, 사업자는 업종을 변경하든지, 아니면

신장 · 축소하려 한다.

- 羊刃은 프로라 자기의 전문성을 살려야 한다.

  羊刃을 쓰는 사주는 양인이 用神이다.

- 食傷이 없는 사람은 제조업은 안 된다. 프랜차이즈, 대리점을 하라.

- 年干에 比劫이 있고, 地支에 根이 있으면 언젠가 한번은 比劫의 피해를 크게 본다. 원국에 根이 없으면 根이 올 때 피해를 본다.

태양	가을장마	가을장마	가을장마	
丙	壬	壬	癸	乾)
午	午	戌	亥	

▶ 대운

74	64	54	44	34	24	14	4
甲	乙	丙	丁	戊	己	庚	辛
寅	卯	辰	巳	午	未	申	酉

▶ 통변

- 현황 : 지하철 운전기사를 하다가 사무직으로 스카우트되어 갔단다. 잘 생기고 사회성이 좋고 오지랖이 넓단다.

- 운시 : 酉 – 스트레스. 정인이니 엄마, 공부 때문에 스트레스. 폐가 안 좋다.

- 戌월에 태어난 壬水. 가을 물은 물이 많을수록 천격인데 여기는 火도 만만치 않다. 이 사주는 水로써 불을 끄는 수화기제사주다. 불이 돈이다.

- 戌월에 물과 불이 세력이 비슷하더라도 싸우면 결국은 물이 이긴다. 그래서 이런 사주는 火가 강할수록 좋다.

- 강휘상영 : 壬水에 丙火. 귀티 난다. 인물도 잘생겼다.

- 대운이 寅卯辰 巳午未로 운을 잘 타고 있다. 火가 돈인데 돈이 굉장히 많다. 월급쟁이 해서는 돈 그릇을 채울 수가 없다.

- 壬水에 丙火 뜨면 오지랖이 넓다. 천간의 역마지살이다. 丙火는 확산. 壬水 丙火를 지지로 내리면 巳亥충인데 내 활동 무대가 확산이기 때문에 활동 무대가 넓어 오지랖이 넓은 거다.

- 아버지는 2012년도에 돌아가셨다고 한다.

  여기서 아버지는 壬戌이다. 괴강이라 똑똑했다. 2012년은 壬辰년인데 壬水의 묘지가 와서 辰戌충으로 묘지가 열리면서 빠져 죽었다. 아버지가 이혼하고 혼자 집에서 숯불 피워 놓고 고기를 구워 드시다가 연탄가스로 죽었단다.

  戌이 연탄재인데 戌중에 丁火가 연탄가스였던 것 같다. 丁壬合으로 들이마시고 辰 묘지 속으로 가신 것 같다.

- 현재 戌午대운을 타고 있는데 이 사주는 火가 강할수록 좋다. 가장 좋은 대운이다. 사표 쓰고 사업을 해도 된다. 丁巳대운까지.

- 壬水한테 火는 활력이고 木은 활동력이다.

큰 산	가을장마	가을장마	큰 산	
戊	壬	壬	戊	坤)
申	子	戌	午	

▶ 대운

73	63	53	43	33	23	13	3
甲	乙	丙	丁	戊	己	庚	辛
寅	卯	辰	巳	午	未	申	酉

▶ 통변

- 현황 : 남대문에서 보석 디자이너 겸 가게를 운영한다. 첫 번째 남편이
  바람을 피워 己未대운에 애만 낳고 이혼하고 丁巳대운에 대기업 건설회
  사 이사와 재혼했다. 그런데 나이 차이가 많고 정년이 얼마 남지 않아 이
  남자랑 무난하게 살 수 있을까 엄마가 걱정을 하고 있다.

- 운시 : 酉 – 엄마와 공부 때문에 스트레스. 여자는 미인이 많다. 육해
  살. 무엇이든지 빨리 이룬다. 예민해서 살이 안 찐다.

- 댐 사주, 제방 사주다.

  댐 사주 : 물이 돈. 굉장히 바쁘게 산다. 사시사철 좋다. 댐을 무너뜨리

는 辰대운만 안 좋다.

- 壬壬子가 다 돈이며 거기다 壬水의 장생지 申까지 있으며 午火로는 火生土로 댐을 보강시켜 주기 때문에 戊戌 튼튼한 댐으로 아무리 많은 물이라도 다 막는다. 돈이 굉장히 많은 사주다.

- 첫 번째 남편은 戊午. 두 번째 남편은 壬戌이다.

- 첫 번째 남편은 처가살이를 했고 전혀 능력이 없었단다. 거기다 바람을 피워서 여자가 쫓아냈단다.

- 두 번째 남편은 壬戌인데 戊土를 가지고 있어서 훨씬 좋다. 두 번째 남편 때문에 내가 돈을 벌 수 있다. 그런데 戌 중 丁火, 午 중 丁火와 전부 음란지합을 하고 있어서 바람기가 있다고 본다.

- 여자도 물론 바람기가 있다. 여자도 마찬가지로 戌 중 丁火, 午 중 丁火와 전부 음란지합을 하고 있다.

- 壬수는 丁火 개수만큼 바람을 피운다. 두 개라고 해서 꼭 두 번만 피우는 건 아니다. 두 번 이상 피우는 거다.

  → 이 여자도 남자가 항상 떨어지지를 않았단다.

- 두 번째 남편하고는 나이가 17살 차이가 난다. 그래도 같은 壬壬이라 친구 같은 남편이다.

- 아마도 丙辰대운이 오면 辰戌충하면서 댐이 무너져 힘들게 된다. 사업이 망하면서 헤어질 확률이 높다. 댐 사주는 辰이 제일 안 좋다.

- 그리고 나서 세 번째 남편을 만나면 戊申이 된다. 문창성을 깔아서 똑똑하다. → 이 사람은 서울대 나온 사람 아니면 상대를 안 한단다.

- 이 여자는 현대무용을 전공했단다. 현대무용은 대개 申酉다. 그게 서방무용이다. 酉金을 쓰면 대개 발레를 한다.

구름	가을	태양	약초	
辛	壬	丙	乙	坤)
丑	辰	戌	丑	

▶ 대운

76	66	56	46	36	26	16	6
甲	癸	壬	辛	庚	己	戊	丁
午	巳	辰	卯	寅	丑	子	亥

▶ 통변

- 현황 : 애니메이션 회사원. 직장에 불만이 많고 결혼은 아직 안 했으며 부모님은 이혼했다.

- 운시 : 亥 – 어려서 부모 사랑을 많이 받고 자랐다. 여자는 외롭고 고독하고 혼인이 늦으며, 살면서도 부부 별거수가 있다.

- 戌月의 乙木 : 약초다. 약초가 태양을 보고 꽃을 피웠다. 부르는 게 값이다. 돈이 아주 많은 사주다.

- 時干의 印綬: 時干의 인수는 임대료라 했다. 辛金이 丑에 십이운성으로 養地다. 양지는 적은 건물도 아니고 큰 건물도 아닌 보통 크기의 건

물이다.

- 地支가 전부 화개: 외롭고 고독하다. 丑戌刑에 걸려 있고 丑辰破에 걸려 있다.

- 土가 많으면 고집이 세다.

- 丙戌이 아버지고 엄마는 乙丑으로 본다. 엄마가 인물이 잘생겼다. 乙木이 丙火 보고 꽃피웠으니까. 둘이는 丑戌刑이 있으니, 지지고 볶고 싸우다가 이혼한 것 같다.

- 나중에는 丑 중에서 辛金이 나갔으니까 辛丑이 엄마도 된다. 자식궁에 있으니 내가 엄마를 보살핀다. 자식처럼 챙겨 주고 닦아 준다.

  → 현재 엄마를 보살피고 있단다.

- 戌月 : 甲乙木은 丙火 있으면 무조건 生木으로 본다. 조후는 申, 子, 辰, 丑을 쓴다.

- 직업에 대한 갈등 : 丑辰破는 갈등 구조. 官이 갈등이다. 직업에 대한 갈등이 많다.

- 결혼운 : 日支合, 日支沖, 三合, 六合, 日支 투출신 발동되는 해.

- 인연 : 육해살. 공망이 같아도 인연.

  六害殺 : 육해살은 전생의 빚을 받으러 온 사람이다. 그래서 내가 그 사람한테 잘해 줘야 되는 거다. 그리고 내게 어려운 일이 있을 때 이를 해결해 주는 사람은 육해살띠다. 육해살띠한테 부탁해야 해결책이 나온다.

옅은 구름	봄장마	촛불	밭	
辛	壬	丁	己	乾)
亥	申	卯	巳	

▶ 대운

73	63	53	43	33	23	13	3
己	庚	辛	壬	癸	甲	乙	丙
未	申	酉	戌	亥	子	丑	寅

▶ 통변

- 현황 : 초등학교 교사. 수재였단다.

- 운시 : 寅 – 일 처리가 깔끔하다. 선천적 대머리가 많다.

- 壬水의 할 일 : ① 나무를 키운다. ② 旺한 불(火)을 끈다(수화기제). ③ 土를 윤습하게 하고 제방을 만들어 물을 막는다. ④ 金을 씻어 준다. ⑤ 水를 만나면 모여서 흐른다.

- 첫째 壬水의 할 일은 나무를 키우는 것이다. 그런데 卯月에 떡잎만 하나 있다.

- 火가 없어서 불 끄는 사주도 못 된다. 戊土가 없어서 제방 사주도 못 된다.

- 쓸 수 있는 것은 辛金 하나 있다. 辛金 씻는 사주인데 丁火와 合을 하고 있다. 본분을 망각하고 있다. 그래도 어찌 됐든 正財와 合을 하고 있으니 월급 생활에 만족하겠다는 뜻이다.

- 그런데 水는 강하다. 장생지를 깔고 건록지를 깔았으니 卯月에 壬水는 장맛비가 되었다. 그러면 물을 빼 줘야 되는데 卯木으로 밖에는 빼 줄 수가 없다. 그래서 卯木이 이 사주에서 가장 중요한 글자가 된다. 傷官을 쓸 수밖에 없다.

- 卯가 초등학생인데 이 사주에서 卯가 가장 중요한 핵이니까 초등학교 교사를 한다. 丁卯라는 조직에서 나무를 키우는데, 나무 키우기는 힘들지만 그래도 가장 중요한 글자니까 애들한테 집중하고 있다.

- 그런데 나이 들면 나중에는 辛金 씻는 사주로 간다.

- 水多金沈 : 辛金이 地支에 申金 根이 있으면 金沈이 안 된다.

- 時干의 印星 : 말년에 임대료다. 그런데 辛金이 약하다. 辛이 亥에 십이운성으로 욕지다. 그래서 큰 건물은 못 되고 작은 상가 하나 가지고 있을 것 같다.

- 申亥 害殺 : 눈치도 빠르다.

- 밤하늘의 은하수 : 亥時면 밤인데 밤의 丁壬合은 은하수다. 그래서 인물이 좋다.

- 이 사주는 卯木 키우다가 말년에 辛金 씻는다.

- 辛亥는 자식궁인데, 역마이면서 浴地니까 돌아다니면 욕당한다. 亥는 외국도 되니까 외국 가면 욕당하고 밤에 돌아다니면 욕당하니 돌아다니지 마라.

- 戌亥공망 : 사주 보기를 좋아한다.

- 이혼수: 운시가 부부궁을 깨 버리면 이혼수가 있는데, 결혼을 30살에 했

다고 하니 면했다고 볼 수 있다.

- 많은 물을 뺄 수 있는 것은 卯木밖에 없으니 卯木에 올인한다. 가르치는 데 올인한다.

- 卯 : 손가락 기술, 어린애, 집착, 암기력, 수학을 잘한다.

- 아버지가 丁卯고 어머니는 己巳다. 아버지가 눈물 많은 삶을 살았다고 본다. 아버지가 국민은행에서 평화은행으로 스카우트되었는데 주식이 종잇조각이 되어 재산을 다 털어먹어 아빠가 힘들었다고 한다.

- 丁火는 굉장히 힘들다. 습목에 앉아 있는 데다가 己土한테 설기당하고 있기 때문이다. 다행히 壬水가 꽉 붙들어 매고 아버지를 살리고 있다. 부자지간에 사이는 굉장히 좋다. 丁壬合에 卯申 귀문이 걸렸기 때문이다. → 실제로, 말도 못하게 사이가 좋단다.

화초	이슬	안개	태양	
乙	壬	癸	丙	乾)
巳	午	巳	午	

▶ 대운

75	65	55	45	35	25	15	5
辛	庚	己	戊	丁	丙	乙	甲
丑	子	亥	戌	酉	申	未	午

▶ 통변

- 현황 : 현직 경찰이다. 어려서 집안이 좋지 않았는데 남자 형제 넷 중 혼자 대학교를 갔단다. 그런데 바람을 피워 처와는 사이가 안 좋고 헤어질 상황이었지만 부인이 참고 있단다.

- 운시 : 午 - 도화라서 거울 보기를 좋아한다. 正財라 아버지의 유고가 있고 처에 대한 불만이 있다.

- 여름에 壬水인데 수원지가 없어서 증발될 확률이 높다. 그런데 다행히 대운이 申酉戌 亥子丑으로 가니까 증발은 안 된다. 만약 巳午未로 가면 증발될 거다. 그래서 기세론으로 본다면 午 중에서 丙火가 나갔으니

丙午로 봐도 되겠지만 여기는 대운이 申酉戌 亥子丑으로 흐르므로 그 냥 壬午로 보는 게 맞다.

- 경찰관 사주: 傷官, 偏官이 있어야 된다. 그런데 여기는 傷官은 있는데 偏官이 없다. 그래도 丙午 偏財는 내 활동 무대인데 年柱에 있으니 국 가기관이고 地支에 根이 확실하게 있으니 공무원이다.

- 財多身弱 : 원국만 가지고는 재다신약으로도 볼 수 있겠으나 대운이 申 酉戌 亥子丑으로 가니 이 많은 火를 충분히 감당한다. 그래서 재다신약 으로 볼 수 없다.

- 바람을 피우는 이유 : 도처에 午 중 丁火하고 습을 하고 있다. 주변에 여자가 많다.

- 부인은 丙午다. 둘은 午午刑이 되어 있다. 午午刑은 피 튀기게 싸우니 까 혈투다. 그런데 癸巳가 중간에서 막고 있다. 그러니까 각방 쓰는 사 주다. 살아갈수록 정이 멀어진다.

- 부인은 남편의 바람기가 잠잠해질 수 있을까가 궁금하단다. 그런데 己 亥대운에 가면 내 세상이다 하면서 더할 것이다.

- 35대운에 바람피우다 발각까지 됐었다고 한다. 壬水는 酉대운에 浴地 라서 엉뚱한 짓을 한다.

- 이 세상 여자는 다 내 여자 : 남자 사주에 偏財만 있으면 세상 여자가 다 자기 여자라고 큰소리치고 산다.

- 그런데 이 사주는 正財도 있다. 正財가 있기는 하지만 午 중 丙己丁이 있는데 丙火를 내놨다. 그러니까 이 사람은 본마음이 偏財인 것이다. 그래서 이 사주는 偏財만 있는 것으로 본다. 전부 偏財로 투출시켰기 때 문이다.

- 丁壬合을 하면서 그 안에 전부 官을 숨겨 놓아서 어느 날 느닷없이 '아

버지!' 하고 숨겨 놓은 자식이 들어올 수도 있다.

 2004. 4. 25.

안개	안개	구름	
壬	壬	庚	甲 乾)
寅	戌	午	申

▶ **대운**

78	68	58	48	38	28	18	8
戊	丁	丙	乙	甲	癸	壬	辛
寅	丑	子	亥	戌	酉	申	未

▶ **통변**

- 현황 : 16살 학생인데 어려서부터 미술을 했는데 미대를 갈 수 있을지가
  궁금하단다.

- 운시 : 未 – 음식 맛을 잘 본다. 正官이라 남자는 직장에 아주 충실하지
  만, 상대적으로 가정에 소홀하다. 天殺이라 잘난 체를 잘
  한다. 종교를 부정. 여자는 기고만장.

辛 - 역학, 공상, 골프, 미스터리물에 관심.

- 여름에 태어난 壬水는 태어날 때부터 이쁨받고 태어난 거다. 거기다 여름에 金生水를 해 주니 부모덕이 있다. 庚午가 엄마이니 엄마 덕이 있고 엄마가 아버지 자리에 있으니 엄마가 집에서 가권을 잡고 있다.

- 寅午戌 火局 : 甲木이 있는데 寅午戌 火국에 뿌리가 불타 버렸다. 나무 키우는 사주로 보기 힘들다.

- 이 사주가 쓸 수 있는 것은 庚金 偏印이다. 偏印 전문자격증 하나 가지고 水生木 하면 寅午戌 火局 財局을 짠다. 그래서 寅이 이 사주에 핵이 된다. 내가 水生木만 하면 財局을 만들어 버리니 돈 버는 능력이 탁월하다.

- 壬申대운에는 庚金 偏印의 祿地에 壬水의 長生地다. 그러니 寅木을 더 강력하게 쓴다. 진로대로 잘 갈 것 같다.

- 미술을 하는 것은 대개 土金인데 꼭 土金만 미술을 한다고 볼 수는 없지만, 어찌 됐든 午月에 庚金도 年支 申에 根을 하기 때문에 막강하다.

- 庚金이 根이 있어 수원지가 된다. 수원지가 끊임없이 물을 만들어 내니 寅木을 중히 써야 된다. 寅은 역마지살이고 미술이 아니라면 항상 寅을 써야 되니까 조경, 가구점, 종이, 의류 등 寅木에 관한 업종을 쓸 수 있다.

- 얘는 그림을 그리더라도 좀 밝은 계통을 써야 된다. 왜냐하면 火가 돈이기 때문이다. 寅午戌 火局은 짰어도 천간에 火가 없으니까.

- 바로 돈이 되는 미술, 예를 들면 응용미술이나 상업미술 계통을 해야 된다.

촛불	호수	촛불	큰 산	
丁	壬	丁	戊	坤)
未	子	巳	戌	

▶ 대운

77	67	57	47	37	27	17	7
己	庚	辛	壬	癸	甲	乙	丙
酉	戌	亥	子	丑	寅	卯	辰

▶ 통변

- 壬수가 할 일이 없다. 生克制化로 갈 수밖에 없다. 그래도 未 중 乙木 을 키운다고 봐야 되니 집 한 채는 있겠다.

- 가정주부인데 젊어서 집을 팔아 버리고, 돈은 있는데 세금 내고 복잡하다고 집을 안 산단다. ← 印星이 없어서 그렇다.

- 이 사람이 우울증이 있단다. 정신과 약도 먹고.
  ← 원진이 두 개니까 우울증이 있지 않을까 한다.

- 2017년 丁酉 세운에 엉뚱한 짓을 해서 돈을 날렸었다. 아마 사기도 당했을 거다. 丁壬合은 무조건 사기다. 丁酉년에 丁火들이 다 발동이 걸리

는데, 이 丁火들을 놔두고 새로운 丁火하고 合을 해가 버렸다. 용신기반이다. 酉金은 또 壬水한테 욕지니까 엉뚱한 일을 벌인다.

- 이 여자는 성격이 강하고 오로지 자기밖에 모르는데, 남편은 오라고 하면 오고 가라면 가고 신경질도 안 내고 그 뜻을 다 받는 남편이란다.

- 남편은 丁未다. 감수성이 풍부하다. 남편은 사업해서 많이 까먹고 지금은 골프를 가르친다. 돈은 둘이 벌었다. 둘이서 子未 辰土를 만들었으니 나도 돈 버는 데 일조를 한 거다.

- 젊어서는 여자가 벌어서 생활했고 남편은 나이 들어서 버는 거란다. 여자는 직장 생활은 하지 않았고 친정이 좀 괜찮아서 돈놀이를 했었단다.

- 食傷이 없다. 食傷이 없으면서 財를 취할 때는 대개 손 안 대고 코 푼다고 해서 사채업자, 달러 장사를 하는 경우가 많다. 食傷이 없으면서 財星이 旺하면 일확천금을 노린다. 그런데 여기서는 財星이 旺하지는 않다.

- 이 사주는 壬水가 할 일이 없는 사주다. 그래서 돈놀이를 한 것 같다.

- 엄마가 동대문에서 옷가게를 크게 하신단다. 丁巳를 다 부모로 볼 수 있는데 正官과 合을 했으니 법대로 살고 반듯한 사람이다. 엄마 인생 자체는 큰 산에서 촛불을 켜 놓고 있는 형상이라 좀 고독하지 않았을까 싶다. → 실제로 엄마가 다 벌어서 살았단다.

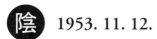 1953. 11. 12.

구름	눈보라	거목	눈보라	
辛	壬	甲	癸	坤)
亥	寅	子	巳	
			天乙	

▶ 대운

77	67	57	47	37	27	17	7
壬	辛	庚	己	戊	丁	丙	乙
申	未	午	巳	辰	卯	寅	丑

▶ 통변

- 壬水의 할 일은 子月에 나무를 키우는 사주다. 木이 돈이다. 뿌리도 튼튼하다. 그런데 壬水가 이렇게 亥子의 根이 있으면 눈보라다. 눈보라 속에서 나무를 키우는 형국이다. 그런데 火가 없으니 키울 수가 없는 건데 寅卯辰 巳午未에 싹이 트고 나무가 잘 큰다. 잘나간다.

- 47대운 甲己合에는 반드시 문제가 있다. 官망신 당하면서 己土가 소송의 글자이기 때문에 남자로 인해 돈 손실과 소송을 하거나 당했을 거라고 본다.

- 水가 많은 것은 이 사주에서 병이다. 그러니 木을 써서 설기를 해야 되므로 자식은 많이 낳을수록 좋다.
- 남편은 甲子다. 남편은 물통 속에 갇혀 사니 힘들었다. 거의 우울증 수준이다.
- 말년에 根이 있으면 나이 들어서도 놀지를 않고 일을 한다. 대신 똥고집은 세진다.
- 이 사주는 집에 있으면 病난다. 항상 寅木을 써야 된다. 문창성을 깔았으니까 머리도 똑똑한데 甲木이 나갔으니 선생 사주도 된다. 가르치는 쪽에 인연이 깊다.
- 壬申대운이 대흉이다. 寅申冲 하면 나무뿌리가 다 잘린다. 또 水가 와서 물바다가 된다. 甲木이 살 수가 없다. 뿌리 잘리고 물속에 갇혀서 둥둥 떠 버린다. 본인 사주이니 간(肝)에 문제가 올 것이고, 甲木이 남편이니 남편한테 문제가 올 수 있다.
  → 남편은 현재 살아 있고, 남편과의 사이에서 아이가 하나 있다고 한다. 남편이 바람피워서 현재 이혼한 상태이며, 남편은 술을 밤새도록 마시는 분이란다.
- 남편이 살기 위해서 이혼한 거다. 甲木이 전부 물구덩이 속에서 빠져 있는데, 남편이 살기 힘들다. 아마도 辰대운에 子辰 水局을 짜면서 甲木이 견디지 못하고 나간 것 같다.

제十강

癸水

전답	눈	꽃	눈	
己	癸	乙	癸	坤)
未	丑	丑	丑	

▶ **대운**

58	48	38	28	18	8
辛	庚	己	戊	丁	丙
未	午	巳	辰	卯	寅

▶ **통변**

- 미혼이다. 옷가게를 하여 돈을 많이 벌었다. 아파트 1채, 단독주택 1채, 오피스텔 1채를 소유하고 있다.

- 운시 : 丙 – 크고 넓은 곳을 좋아한다.

　　　　　寅 – 일 처리가 깔끔하다.

- 陰八通이다. 일지 화개에 화개多逢(다봉)이다. 고독하다.

- 일지 丑土에서 時干으로 己土 偏官을 투출했다. 일지(내 마음자리)에서 偏官이 투출하여 일간에 첩신하면 악착같은 성격이다.

- 官星이 旺하여 凶神이다. 남자를 우습게 알거나, 아니면 남자를 매우

싫어한다. 둘 중 하나다.

- 三冬之節(삼동지절)에 乙木(꽃)을 키우고 있다.

  火가 없으면 乙木이 꽃을 못 피우니 잘나가지 못하는데, 다행히 대운이 봄(木), 여름(火)으로 가니 乙木이 꽃을 피워 돈을 잘 벌게 된다. 乙木이라 옷 장사를 했다.

- 子丑月에 태어나면 어떤 일주라도 地支의 丁火(午, 未, 戌)가 있어야 한다. 地支에 未土(地支의 丁火)가 核이다. 따뜻한 난로다.

- 丑 : 고집, 일복, 밤일, 집착, 비린내 나는 생선을 좋아한다. 끌어모으기 좋아하는 수집광이다.

- 丑은 庚모친의 묘지다. → 모친의 한(恨)이 많다.

- 丑은 庚金의 庫地가 되면 현금 창고(금고)요,

  辛金의 庫地가 되면 보석 창고(보석함)가 된다.

  → 고로 돈 많다. 단, 조후가 되어야 한다. 사주는 별 볼 일 없는데 알부자라고 한다면 반드시 丑土가 있고 조후가 되어 있는지를 보라.

- 丑丑 : 대장종양, 허리디스크, 관절에 문제 있다.

- 女命일지 丑은 冷房殺(냉방살)이다. 특히 子丑月에 태어나면 더욱 심하다. 자궁이 꽁꽁 얼어 있는 형국이다.

- 본 명식은 乙木, 未 중 乙木이 돈인데, 집에 보석함이 3개 있다고 보라.

눈보라		인동초	눈보라	
癸	癸	乙	癸	乾)
丑	亥	丑	巳	
			天乙	

▶ 대운

61	51	41	31	21	11	1
戊	己	庚	辛	壬	癸	甲
午	未	申	酉	戌	亥	子

▶ 통변

- 건축업자다.

- 운시 : 甲 – 장남 아니면 장남 역할

　　　　→ 막내인데 장남 역할을 한다고 한다.

　　　子 – 六亥殺이라 예민하다. 살이 안 찐다. 만약 비만이라면 몸
　　　　　에 病이 있다.

- 己亥年(2019)에 오신 손님이다.

　癸水가 己土를 보면 濁水가 된다. 己土가 亥水를 달고 왔고 원국에도

水가 강하기 때문이다. 고로 官망신이다. 경찰서에 갈 일이 있고, 법적인 문제가 있겠다. 己土는 소송의 의미가 있으니 소송까지 가겠다.

→ 그 문제 때문에 왔다고 한다. 건축 과정에서 민원이 발생하여 소송 중이라고 한다.

- 언제 해결이 될까?

己亥년은 丑(官)이 상문(격각)이 되어 삭감되고 위축되니 해결이 안 된다. 庚子年은 본 명식의 核인 乙을 합하여 다시 金氣인 印星으로 化하니 도움이 될 것이고, 亥子丑 水局으로 나의 세력이 되니 해결이 되고, 또한 丑(官)이 내 편이 되니 유리하게 해결이 될 것이다.

- 己土는 비장인데 己土가 濕(습)하면 살찐 당뇨가 된다.

→ 당뇨가 심한데 비만이라고 한다.

- 旺한 五行에 病이 오는데(태과불급 계위지병), 水가 旺하니 신장, 방광, 전립선에 병이 온다.

→ 전립선에 문제가 있다고 한다.

- 巳 : 변화·변덕의 글자이니 年支에 있어 어린 시절 변화가 많았다.

- 丑 : 대장, 관절, 허리디스크. 일복, 고집.

→ 2년 전 대장종양 수술을 했다. 관절이 안 좋고 역시 허리도 안 좋다고 한다.

- 乙木 인동초(忍冬草)를 키우는 命이라 의지가 대단히 강하다. 겨울에 밖에서 추위에 떨면서 乙木을 丑(凍土)에서 키우기 위해 밤늦게까지(丑) 고집 부려 가면서 열심히 일하는 모습이다.

- 乙木이 丑土에 根하면 삶이 고단하다.

- 51 己未대운이 오면 여름철이라 乙木은 자연스럽게 잘 자란다. 이때부터 크게 발복한다.

- 旺한 五行은 반드시 洩氣(설기)해야 한다. 고로 乙木이 食神으로서 아주 중요하다. 집에 있으면 병이 난다.
  → 잠시도 집에 붙어 있지 못한다고 한다.
- 食神이라 남에게 베풀기도 잘해야 한다.
  → 교회에 다니면서 봉사도 열심히 하고, 남에게 베풀기도 잘한다고 한다.

 1947. 12. 19.

구름	폭우	달	
辛	癸	癸	丁 乾)
酉	丑	丑	亥

▶ 대운

68	58	48	38	28	18	8
丙	丁	戊	己	庚	辛	壬
午	未	申	酉	戌	亥	子

▶ 통변

- 주지스님이다.

- 운시 子가 도화살이라 거울 보기 좋아한다.
- 丑月의 癸丑. 백호가 火가 없으니 성질 고약. 술주정뱅이. 소고집. 일
  복. 끌어모으기(땅부자 많다).
  → 실제로 땅이 많다고 한다.
- 丑月에 年干 丁火(난로) : 좋은 가문이다.
- 丑丑 : 관절, 허리디스크, 대장종양. 씻기를 싫어하여 냄새가 난다. 비
  린내 나는 생선을 좋아한다. 사람도 축축하다.
- 일지 丑 중 癸水 투출 : 癸丑이 처. 친구 같은 처. 比肩이라 내 돈을 축
  낸다.
- 두 번째 처 : 일지 丑중 辛金 투출. 辛酉가 처 → 양날의 칼.
  신도들이 여러 명 머리채 잡혔다 한다.
  兌宮(태궁)이라 춤과 노래 중 하나는 잘한다. → 둘 다 잘한다고 한다.
  祿房桃花(록방도화)라 미인이다.
  丑月에 癸水를 生하니 눈보라를 만들어 준다.
  丑月의 癸丑이 火가 없으니 고약하다. → 惡妻(악처)라고 한다.
- 丑 : 庚金 印綬庫. 書庫(서고)가 있다(책을 보지 않더라도 책 사기 좋아한
  다). 故家(고가), 골동품을 좋아한다.
- 丑을 묘지로 쓰면 모친의 恨(한)이 많다.

	눈보라		폭설	
壬	癸	癸	癸	乾)
子	亥	亥	亥	

▶ 대운

47	37	27	17	7
戊	己	庚	辛	壬
午	未	申	酉	戌

▶ 통변

- 의사, 전공의(레지던트).

- 머리가 좋다.

- 바닷물과 민물이 만나는 곳으로, 魚族(어족)이 풍부하다.
  亥 중 甲木이 물고기로 돈으로 본다. 고로 돈이 많다.

- 亥 중 甲木을 키우니 교직자도 적성이다.

* 木(食傷)이 吉神이니 보시 · 적선을 많이 하라.

陰 1969. 10. 5.

폭우	갈초	밭	
癸	癸	乙	己 乾)
丑	巳	亥	酉
	天乙		文曲

▶ 대운

52	42	32	22	12	2
己	庚	辛	壬	癸	甲
巳	午	未	申	酉	戌

▶ 통변

- 군대도 갔다 오고, 미혼인데 여자로 살고 싶다고 한다.

- 현재 인터넷 사업을 한다. ← 乙木을 丁火(인터넷)로 꽃피우기 위해서.

- 女子는 감정이 없고, 남자와 폰섹스를 하면 흥분된다고 한다.

- 중학교 땐 1등, 고등학교 땐 꼴등, 4년제 대학을 겨우 나왔다.

- 陰八通이다.

- 亥月에 天干에도 따뜻한 글자가 없고, 地支도 金水의 차가운 기운만 있다.

- 巳酉丑 金局이라 스트레스를 많이 받는다. 巳火는 변질되어 쓸 수 없고, 또한 亥月이라 힘이 없어 못 쓴다.
- 乙(食傷), 己(官)을 쓸 수 없는 구조다. 天干의 乙木(食神)은 생각만 있을 뿐, 地支에 木이 없어 행동으로는 실천할 수 없다. → 게으르다.
- 財官을 쓸 수 없는 命은 수도자, 역학인(財星은 활동력, 활동 무대. 官星은 氣, 정신력). 財官이 없으니 인생의 목표가 없고 기백이 없다.
- 남자에게 여자의 성기는 官星인데, 官星을 쓸 수 없으니 여자와 잠자리가 없다.
- 庚대운에 乙庚合으로 할 일이 묶인다.
- 여자로 바꾸어 살면, 印星은 남자의 성기인데, 印星이 局을 이루고 있으니 남자 속에서 살고 싶다.
- 用神運이 와도 用神이 손상을 입어 쓸 수 없으면 좋았다가 나빠진다.

물. 형상 통변론

큰비	비	비	구름	
壬	癸	癸	辛	乾)
戌	巳	巳	未	
	天乙	天乙		

▶ 대운

66	56	46	36	26	16	6
丙	丁	戊	己	庚	辛	壬
戌	亥	子	丑	寅	卯	辰

▶ 통변

- 별 직업 없이 부모가 물려준 재산으로 거의 놀고먹는 수준이라고 한다.
- 天干은 水로만 되어 있고, 地支는 火로만 되어 있다. 水火로만 구성된 兩氣格이라고 할 수 있다.
- 하늘에는 구름이 끼어 비만 내리고 있고, 땅에는 온통 뜨거운 火氣로 가득 차 있다. 밖에 나가면 비 맞고, 집에 들어오면 덥기만 하다. 그러니 무슨 일을 하려 하지 않고 그저 무기력한 모습이다.
- 원국에 食傷이 없으니 내 손으로 벌어먹고 살지를 못한다. 食傷이 없는

사람은 고리타분하다. 성질이 나면 제 성질을 못 이겨 말을 더듬는다.

- 초여름에 바깥세상은 비만 내리고 있으니, 밖에 나갈 수도 없어 집에서 컴퓨터를 친구 삼아 지내고 있는 형상이다.

- 결혼은 했는데, 부모가 재산가라 강남에 수십억 나가는 아파트도 사 주고 생활비도 충분이 주니 아무런 걱정 없이 그저 놀고먹는 팔자라고 한다.

- 본 명식은 水와 火를 소통시켜 주는 木運이 좋다.
  현재 寅(傷官)대운이라 좋은데, 寅巳刑이 되어 하는 일과 돈에 대하여 刑으로 조정을 해야 하니 신경 쓰고 고민하고 스트레스를 받는 운이다.

- 금년 庚子年은 하늘에 구름이 더욱 강하게 몰려오고, 壬癸水의 根이 오니 폭우가 내리는 격이라 더욱 집에 박혀 밖에 나가지 않는 형상이다.

약초	겨울장마	촛불 난로	바위	
乙	癸	丁	庚	乾)
卯	亥	亥	子	

▶ **대운**

72	62	52	42	32	22	12	2
乙	甲	癸	壬	辛	庚	己	戊
未	午	巳	辰	卯	寅	丑	子

▶ **통변**

- 현황 : 두산공업에 있다가 인도네시아에 가서 아이티 산업 기지를 만들었는데, 인도네시아에서 돈을 못 받아서 법적으로 받기는 했는데 직원이 사망하는 바람에 돌아왔단다. 다시 인도네시아에 투자를 해도 되는지 궁금해한다.

- 운시 : 子 - 운시와 띠가 같으면 뭐든지 빨리 이룬다.

- 나무 키우는 사주다. 나무가 돈이다. 나무 키우는 사주는 木火대운(봄·여름)에 잘나간다.

- 亥중 甲木도 살아 있고 亥卯 木局도 차고 있고 돈은 많다. 그러나 月支

亥는 亥子로 가 버렸고 日支 亥 중 甲木은 살아 있다고 봐야 하는지는
의문이다.

- 좋은 운을 타고 있어도 힘든 일을 겪었는데. 壬辰대운이 가장 안 좋아
  사기를 당한다. 항상 丁壬合은 사기다. 거기다 子辰 水局에 辰亥 귀문
  이 두 개나 걸렸다.

- 亥 중 甲木이 살아 있으니 바다, 외국과 인연도 있고 무역, 관광사업도
  된다.

- 亥卯 木局 食傷局을 이뤄 직원들도 많다.

- 癸亥亥子 물이 이렇게 넘쳐흐르니까 물을 빼 주는 乙卯가 핵이 된다.
  그러니 이 사람은 남한테 많이 베풀어야 된다. 그리고 집에서 놀고 있으
  면 병난다.

- 인도네시아에 또 투자를 해도 괜찮을지가 궁금하다 했는데, 현재 癸巳
  대운을 타고 있다. 여섯 번째 대운이니 환경의 변화를 겪는다. 巳亥冲
  하면서 굉장히 바쁘게 산다. 그런데 癸水가 丁火를 꺼 버리니 문제가 있
  다. 사업을 하지 말고 건강을 챙겼으면 좋겠다.

- 甲午대운이 심각하다. 丁火의 根이 온다. 원국 자체에서는 丁火의 根
  이 없기 때문에 그냥 빛이어서 안 꺼지지만, 根이 오면 열(熱)로 변해서
  丁火가 꺼져 버린다. 丁火는 심장이다. 심혈관에 문제가 일어난다.

- 사실 원국에서도 丁火는 위태위태하다. 그래서 丁火는 아주 조용히 있
  다. 그런데 根이 오면 내 세상이다 하고 활동하면 水들이 다 끄러 간다.
  子午冲에 丁癸冲이 발동 걸린다. 甲午대운에 심혈관 질환과 심장마비
  를 조심해야 한다.

- 이 사주는 물이 넘치는 게 병이다. 그래서 乙卯가 아주 중요한 글자다.
  丁火도 중요한 글자지만 써먹을 수가 없다. 癸水 때문에.

- 甲午대운 壬寅년에 丁壬合去하면서 심장이 날아가지 않을까 한다. 壬水가 전 地支에서 다 투출이 되어 굉장히 강력하다. 寅亥合으로 月支를 묶어 버리니 답답하고, 거기다 대운도 子午冲까지 걸려 있으니.
- 항상 五行이 한쪽으로 치우친 사주들은 건강 신경 써야 된다. 한번 무너지면 종합병원이다.
- 水가 강한 사주들은 역마성이 강하다. 그러니 항상 활동해야 된다.
- 丁亥를 처로 본다. 부인은 다소곳할 것이다. 왜냐하면 여기서 丁火가 설쳐 대면 水들이 꺼 버리기 때문이다. 있는 듯 없는 듯 아주 조용하게 살아야 된다.
- 현재 부인이 많이 아프단다. 여기서 丁火는 내 심장도 되지만 丁亥가 부인이기 때문에 부인의 심장도 된다. 그래서 부인이 갈 확률도 있다.
- 만약 甲午대운에 사업성을 본다면 여름 대운이기 때문에 乙木에 꽃이 피니 괜찮다. 사업은 괜찮으니 인도네시아에 투자를 해도 되지만, 부인이 문제다. 丁火가 살길이 없다. 떨어져 살아야 되겠다.
- 이 사주는 형상으로 본다면 이렇게도 볼 수 있다. 亥 중 甲木이 물고기, 乙卯도 물고기. 癸水 민물과 亥水 바닷물이 만나는 곳에 물고기가 풍부하다. 그래서 물고기가 돈이니, 돈이 굉장히 많다고 볼 수 있다.

약초	이슬·안개	밭	이슬·안개	
乙	癸	己	癸	坤)
卯	未	未	卯	

▶ 대운

71	61	51	41	31	21	11	1
丁	丙	乙	甲	癸	壬	辛	庚
卯	寅	丑	子	亥	戌	酉	申

▶ 통변

- 현황 : 교직에 있다. 지금 퇴직해서 귀농을 하고 싶어 한다.

- 운시 : 申 – 마무리를 잘한다. 검소하다. 준비성이 철저하다. 대장이 안 좋다. 正印이라 엄마, 공부가 평생 고민살.

- 여름의 癸水는 신강해야 된다. 물 줄 데가 많기 때문이다. 그런데 金生 水도 못 받으면서 乙卯한테 물을 주느라고 굉장히 힘들게 사는 모습이 다. 생명을 키우느라 가르치느라 정신이 없다.

- 未 중에서 乙木 己土가 나갔다. 己土는 偏官인데 투출시켜 첩신시켜 놓았으니 아주 악착같은 사람이고, 또 乙木도 내놨으니 남한테 베풀기

도 잘하는 사람이다.

- 癸水가 金生水를 못받으면 흰머리가 난다.
- 여자 未月生은 찬물 샤워를 못한다.
- 癸水가 바짝 말라 있는데 대운을 癸亥 甲子를 타서 버렸지만, 乙丑대운은 장담 못한다. 특히 丙寅대운은 장담 못한다. 퇴직해서 물 많은 곳에서 살아야 한다.
- 乙丑대운에는 丑未충으로 丑 중 辛金이 未 중 乙木을 치니까 돈 손실이 나고 丑未충 丑未충 하면서 내 묘지가 다 열린다. 그러니까 이 丑대운도 사실 위험하다.
- 나무 키우는 사주니까 교육과 인연이 깊다. 그런데 가르치는 것 때문에 굉장히 힘들고 어려운데 다행히 운이 받쳐 줘서 버틴 거다. 여름에 태어나서 겨울로 왔고, 癸水의 根이 와 줘서 지금까지는 견뎠지만 乙丑대운부터는 건강에 신경 써야 된다. 굉장히 힘들다.
- 먹고사는 데는 지장 없이 돈은 많다. 집도 있고 땅도 있고 부동산도 있고.
- 辛丑년도 좀 위험하다. 未 중에서 乙木이 나갔다. 食神이니 내 명줄인데, 명줄을 辛金이 와서 치고 丑未충 丑未충 하면서 내 묘지가 다 열리면서 풍덩 빠진다.

밭	이슬·안개	밭	이슬·안개	
己	癸	己	癸	坤)
未	卯	未	未	

▶ 대운

73	63	53	43	33	23	13	3
丁	丙	乙	甲	癸	壬	辛	庚
卯	寅	丑	子	亥	戌	酉	申

▶ 통변

- 현황 : 부모는 주류 제조 사업을 하고 돈도 많고 잘살고 있고, 이 자녀가 법조계로 가기를 원하는데 자녀는 소설을 쓰고 싶어 한다.

- 운시 : 申 – 마무리를 잘한다. 준비성이 철저하다. 검소하다. 대장이 안 좋다.

- 삼복더위에 癸水다. 癸水가 물 줄 힘이 없다. 전부 꽃밭이다. 未 중 乙 木, 卯 중 乙木. 돈은 많은 사주다. 본인도 벌지만 부모 돈도 많다. 집 도 절도 있는 사주다.

- 未未 : 중단수. 官이 중단수라 직장 생활을 하더라도 얼마 못 버틴다. 직

장 이동수는 많을 것이다.

- 머리는 좋다. 문창성도 깔았지만 도처에서 偏官으로 극을 당하고 있기 때문에 머리는 비상하다.

- 癸水가 土 때문에 힘드니까 왕따를 당할 수도 있고, 또 癸水가 土에 다 흡수되어 형체를 잃어버리니까 정신적인 문제, 왕따를 당하지 않을까 싶은데 대운이 金生水를 받고 자기 계절을 타니까 괜찮겠다.

- 戌대운이 오면 戌未刑, 戌未刑, 卯戌合, 戌未刑 전부 刑을 해 버린다. 전부 官인데 직장 문제로 신경 쓰고 고민하고 번뇌할 일이 많다. 정착을 못 하기 쉽다.

- 여름의 물은 왕하면 왕할수록 좋다. 물 줄 데가 많으니까 바쁘게 산다. 그러면 물이 풍부해야 되는데 여기는 거의 적수오건되는 상태다. 전부 마른 흙에 흡수를 당해서 힘들다.

- 여자는 日支가 자궁인데 양쪽에 걸쳐 있으면 두 번 결혼수가 있다. 그래서 결혼을 좀 늦게 해야 된다.

- 印星대운을 타니까 공부는 잘한다.

- 부모가 법조계로 가기를 원하는데 그것도 맞다. 癸水가 법이다. 머리도 좋고 공부도 잘하니까 괜찮다.

- 자녀는 소설을 쓰고 싶어 한다는데 卯木을 쓰고 싶어 하는 거다. 卯는 천을귀인이라 항상 그쪽으로 가고 싶어 한다.

- 출판사 쪽 일을 할 수도 있다. 己土가 출판, 인쇄, 교육 계획 수립이다. 그러니까 己未는 제법 큰 조직이다. 己土가 偏官이니 사업도 된다. 글 쓰는 쪽으로 가서 출판사를 자기가 차리든지 그쪽에 가서 일을 해도 된다.

- 아빠는 己未다. 己土 입장에서 보면 양쪽에 財를 보고 있으니까 돈 욕심뿐이다. 물이 돈이니까 술장사를 하고.

- 엄마는 癸未다. 나도 癸水, 엄마도 癸水이니 친구 같은 관계다. 金대운을 타면 癸水들이 힘을 받아서 지금은 별 무리가 없지만, 戌대운에 들어가면 엄마도 힘들고 나도 힘들다. 戌대운에 대장 수술수가 있지 않을까 싶다. 戌이 암 글자인데 전부 刑을 만들고 오니까 대장이나 직장암 수술수가 있을 수도 있다.
- 印星이 없다 : 즉흥적이고 생각이 좀 짧다.
- 癸卯 : 어느 柱에 있든 사주에 癸卯가 있으면 효심이 있다.

通辯要論

1. 원국에 寅, 辰이 나란히 있으면 천재요, 떨어져 있으면 망각증이 있다. 그래도 머리는 좋다. 원국에 寅(辰)이 있는데 대운에서 辰(寅)이 오면 중년에는 기억력 감퇴요, 노년에는 치매에 걸릴 수 있다.

2. 卯나 酉가 3개인 命은 간질병(뇌전증)에 걸린다.

3. 食傷이 官을 刑, 冲하면 싸가지가 없다.

4. 木은 실이요, 己는 입이다. 木旺에 己土가 克당하니 벙어리도 되더라 (실로 입을 꿰맨다).

5. 庚金이 金多하면 굳어 버리니 대장암이다. 뼈대도 굵다. 卯木은 지방간이고, 辰은 당뇨다.

6. 火일주나 火가 旺한 여명은 남자에게 싫증을 빨리 느낀다.

7. 財가 약하거나 태왕할 때 日時에 丑午이면 처가 음독한다.

8. 財星도화이면 처로 인해 돈을 번다. 단, 財가 용신이어야 한다.

9. 官星도화이면 처로 인해서 승진하고, 총각 득자(得子)도 한다.

10. 의처증 : 比劫태왕 사주, 재다신약 사주.

11. 신왕에 官弱이면 여자가 콧대가 높아서 어지간한 남자는 눈에 안 들어온다. 명주 고르려다 삼베 고른다.

12. 財, 印이 冲이면 시댁과 친정이 불화한다.

13. 신왕에 일지에 귀문관살이면 변태성이요,
    신약에 일지에 귀문관살이면 불감증이다.

14. 木(甲, 乙)일주가 寅巳申을 만나면 남편이 알코올중독이나 마약중독이다.

15. 官殺태왕사주 : 철창 없는 감옥, 말단직(官을 감당 못하므로), 동네북, 일복.

16. 관살혼잡이나 관성이 없는 사주는 직장 변동수가 많다.

17. 극신약에 년월이 원진이면 또라이 기질이 있다.

18. 火土重濁되면 인내와 신의는 강하다. 허스키가 많다.

19. 冲이 많은 者, 말을 잘 돌린다.

20. 印星이 있는 食傷은 예절이 있는 행동(상관패인),

    인성이 없는 식상은 못된 행동.

21. 長生은 후견인의 인덕이 있는데 建祿은 인덕이 없어 자수성가한다.

    장생이 있는 사람이 독립하여 오너가 되면 인덕이 없어져 성공할 수

    없다.

22. 卯를 卵(알 란)으로도 본다. (알, 자궁) 그래서 酉를 만나면 자궁에 칼을

    대는 모습이므로 제왕절개, 낙태 등이 될 수 있다.

23. 食傷이 없으면 자기 성질을 조절 못한다. 성질나면 말을 더듬느라고

    말을 못한다.

24. 水일주 水가 旺하면 긴병을 앓다가 죽는다. 털털하고 안 씻으려고 한다.

25. 여명이 앉은 자리에 官庫(墓)면 남편이 잔병치레한다.

    남명이 앉은 자리에 財庫(墓)면 처가 잔병치레한다.

26. 辰午酉亥가 모두 있으면 수족에 이상이 있다.

27. 여명에서 日時가 辰戌冲이면 해로 못한다. 공방살이다.

28. 木 : 분식(木은 길다. 냉면, 국수, 라면 등).

    火 : 끓이는 것(탕류, 불고기 등).

    土 : 살코기(육식).

    金 : 갑각류(게, 꽃게, 가재, 랍스타, 새우 등).

    水 : 어류.

29. 여자 土일주는 水가 財인데 水는 짠맛이다. 고로 음식을 짜게 하고 반

    찬을 많이 먹는다.

30. 남자가 食傷이 없으면 장모 없는 곳으로 장가간다.

31. 남자가 印綬가 없으면 장인이 없는 곳으로 장가간다.

32. 여자가 財가 없으면 시어머니 없는 곳으로 시집간다.

33. 財가 官을 生할 때 신강이면 財生官이요, 신약이면 財生殺이 되어 내 것을 주고도 뺨을 맞는다(사랑에 속고, 돈에 속는다).

34. 日支가 印星이거나 日支에 印星이 合해 들어온 사주라면 모친의 임종을 본다.

35. 月支에 도화나 망신이거나 財와 印이 暗合하면 모친이 재취이거나 연애 박사이다.

36. 印綬庫(인수고)가 있으면 단독주택, 고가, 한옥에서 산다. 집 안에 서고를 비치한다. 골동품, 고서가 많다.

37. 金일주가 木多하면 신경만 쓰면 두드러기가 일어나고, 火多하면 화병 나면 두드러기가 난다.

38. 財가 없으면 가정적이지 못하다. 財가 있어야 처자식이 귀한 줄 안다.

39. 傷官이 旺한 사람을 종업원으로 쓰면 청소도 안 하고 꼴통 노릇을 잘 한다.

40. 印綬가 病일 때도 혈압이 온다. 인수가 병인데 또 인수운을 만날 때이다.

41. 官이 약하면 틀에 박힌 스케줄을 소화하기 힘들다.

42. 官星이 浴地에 들면 대개 좌천당한다.

43. 木火는 체조, 金은 사격, 木은 양궁, 金水는 스케이트.

44. 木火는 고전무용(동양). 金水는 현대무용(서양).

45. 乙未일주가 丙戌時이면 자식을 잃는다(丙戌백호에 辛金 자식이 죽는다).

46. 印綬가 도화이면 옷걸이가 좋고 화장발이 잘 받는다. 선생을 좋아한

다. 남녀공학을 간다.

47. 月干 七殺이면 형제가 안 좋다(불구, 단명 형제 있다). 성질 급하다. 약속 시간 철두철미. 꿈과 예감이 잘 맞는다. 어딜 가나 중심인물이다. 소화불량이 있다.

48. 四孟局(사맹국) : 地支가 寅申巳亥 - 음란하다.

四敗局(사패국) : 地支가 子午卯酉 - 바람둥이다.

四庫局(사고국) : 地支가 辰戌丑未 - 욕심이 많다.

49. 己巳일주는 불타는 땅이라 대머리가 많다.

50. 봄에 木旺이 火를 못 보면 간병(肝病)이다. 무조건 火를 보아야 한다. 간이 울결되면 썩는다.

51. 木이 旺하면 간덩이가 커서 감당도 못하면서 저지르기를 잘하고, 火가 강하면 수습도 못하면서 배짱이 좋다.

52. 胎, 養, 生궁이 冲당하면 유산, 사산.

53. 月柱와 時柱가 天克支冲이면 부모와 손자와의 冲이니 한집에서 살지 못하고 화목하지 못하다. 불초한 손자다.

54. 木旺한데 설기가 안 되면 木(간)의 병이다. 木(간)에 피가 꽉 차 있는데 火(심장)으로 피를 못 보내면 피가 고여 썩고 간에 병이 난다. 이것이 實症(실증)이다(實해서 생기는 병). 虛症(허증)은 허해서 생기는 병.

55. 陰支가 대운에서 같은 운을 만나면 斥殺(척살)이다.

56. 陽支는 처음엔 좋다가 나중에 척살이 된다.

57. 金이 설기가 안 되면 장폐색.

58. 여명에 官이 용신이면 남자 없이는 못 산다.

59. 신강사주는 比劫운에 친구 간에 금이 가고, 사기당하고 이혼수.

60. 신약사주는 財官운에 관재구설, 사기당하고 이혼수.

61. 신강사주가 官殺혼잡이면 겸직을 하는 수가 많다.

62. 官이 용신인 여자는 이혼하고 두 번째 결혼하면 더 좋은 남자를 만난
    다. 혼전 동거하는 경우도 있다.

63. 月干에 食傷이 있으면 할 말 다하고 산다.

64. 月干에 官星이 있으면 할 말 다 못하고 산다.

65. 官殺太旺인 여자는 세상 남자가 다 자기 남자라고 생각하는 경우도 있
    고, 남자 기피증인 경우도 있다.

66. 여명에 朝元羊刃(조원양인)이면(月干 기준 年支가 羊刃) 산액, 월경불순
    이 있다. 중년 이후에는 냉증, 대하증이 있다.

67. 사주에 卯酉가 많으면 낙태를 잘하고, 克子하며, 옆구리가 잘 결린다.

68. 여자가 傷官대운이나 羊刃세운에 결혼하면 이혼한다.

69. 卯申원진이면 부부간 상봉이 어렵다. 떨어져 산다(기러기 부부).
    辰亥원진이면 밤새워 싸우고, 아침에 언제 싸웠느냐는 듯 화해.
    丑午원진이면 먹이(풀)가 같아서 부부간에 딴 주머니를 찬다.
    子未원진이면 서로 싫어한다. 이혼할 확률이 매우 높다

70. 일지 공망이면 50세 넘어서 우울증이 온다.

71. 金生水가 안 되면 흰머리가 난다.

72. 官殺태과나 官星이 없는 사주는 직장의 변화가 많다.

73. 比劫운에는 ① 돈 손실, ② 처가 아프거나 사고수, ③ 의처증이 생긴다.

74. 偏印과 傷官이 습하면 머리가 영리하고, 벤처적인 생각이 강하다. 잘
    못되면 사기꾼이다.

75. 官殺태과에 官殺운(염라대왕)에 흉몽을 잘 꾼다. 노인들은 官殺운에
    많이 죽는다.

76. 正財格 사주에 劫財년이 오면 - 금년에 돈 손실.

偏財格 사주에 比劫년이 오면 – 큰돈 손실.

正印格 사주에 正財년이 오면 – 印星이 깨지니 문서 깨졌다. 관직에 있는 者는 파직한다.

正官格 사주가 傷官년이 오면 – 남편 문제, 직장 문제.

食神格 사주가 偏印년이 오면 – 직장, 의식주, 수명, 자녀 문제.

77. 세운과 천간과 육친

　① 比劫년 : 친구 형제, 친척 간의 금전상의 손실 혹은 시비. 남자는 처궁의 액(厄). 여자는 애정 관계 고충.

　② 食神년 : 신주택 이사. 生子. 직장 이동. 신규업 착수. 금전상으로 는 吉.

　③ 傷官년 : 직장 문제의 고충, 자손의 수심. 관재구설.

　④ 正官년 : 立身. 영전. 자손 경사.

　⑤ 偏官년 : 신병우환. 관재구설. 남자는 직장의 고충. 자식의 고충. 여자는 애정 관계 고충.

　⑥ 正印년 : 승진. 영전. 문서 계약. 명예 상승. 합격. 자격 취득.

　⑦ 偏印년 : 사기 사건. 집안의 우환. 계약상의 시비 고충.

78. 官殺이 地支에 三合을 이루고 天干에 투출하면 남편이 사회적인 저명 인사다.

79. 年支 기준 日支공망은 배우자 덕이 없고, 형제간 흩어져 살며 50대 이후 우울증에 걸리기 쉽다.

80. 財, 印 중 하나만 없어도 한 번은 망했다.

81. 종살격 사주에서 三合局이면 사람이 순하고 그릇이 크다.

　方合局이면 그릇이 더 적다.

82. 日支傷官이 官과 刑, 冲이면 이혼한다.

83. 土 – 木多 : 위산과다, 신경성 위장병.

火多 : 위염.

土多 : 위 무력증.

金多 : 위하수.

水多 : 위벽이 헌다(위궤양).

84. 天殺이 있으면 평생 무슨 책을 보더라도 책을 본다.

85. 사주에 病神이 많으면 빚이 많은 경우가 많다.

(예 : 水가 많아 병인데 金운이 오면 빚을 지게 된다.)

86. 辰은 임기응변의 재주가 뛰어나다. 辰이 日時에 있으면 이산가족이 있게 되고, 식구를 잃는 경우도 있다.

87. 남자에게 여자의 생식기는 官星이요, 여자에게 남자의 생식기는 印星이다.

88. 庚辰일생 壬戌冲, 壬戌일생 庚辰冲, 庚戌일생 壬辰冲, 壬辰일생 庚戌冲인 여자는 그 남편이 종적 없이 사라진다.

89. 吉年의 망신은 경사이나, 凶年의 망신은 시비·관재다.

90. 사주에 刑殺이 많으면 마음고생 많고, 冲이 많으면 쓸데없이 바쁘고 말을 잘 돌린다.

91. 印星이 많으면 자기가 말해 놓고 자기가 웃는다.

食傷이나 印星이 없으면 잘 웃지 않는다.

92. 木 : 근육, 인대, 막.

土 : 살.

金 : 피부, 뼈, 치아.

水 : 피.

火 : 氣(기).

93. 여명 日支 食傷이 刑殺이면 산액이 있다.

    月支 子가 食傷이고 未가 있으면 절대 순산 못한다.

94. 比劫이 없으면 사람이 점잖다. 순해 보인다. 추진력, 박력이 없다. 어디를 가도 함께 다니려고 한다.

95. 日支에서 偏印이 투출되면 잔머리를 굴린다.

96. 신약사주가 傷官이 강하면 허풍쟁이다. 거짓말을 잘한다.

97. 신약사주가 官星이 강하면 깡다구가 세다.

98. 사주에 官殺이 많으면 예민하고 히스테리가 심하다.

99. 水가 많으면 저혈압이다. 수맥에 가위 눌리면 달마도를 걸어야 한다.

100. 여명에 재다신약이면 돈돈거리고 살면서 돈이 생기면 食傷 자식이 가져가고, 財生殺이 되어 돈을 주지 않으면 남편이 행패 부린다.

물, 형상 통변론1
(物, 形象 通辯論1)

초판 1쇄 발행일 2022년 7월 18일
초판 2쇄 발행일 2022년 9월 5일
초판 3쇄 발행일 2024년 3월 15일

지은이 소무승
펴낸이 양옥매
디자인 송다희 임흥순
교정자 조준경

펴낸곳 도서출판 책과나무
출판등록 제2012-000376
주소 서울특별시 마포구 방울내로 79 이노빌딩 302호
대표전화 02.372.1537   **팩스** 02.372.1538
이메일 booknamu2007@naver.com
홈페이지 www.booknamu.com
ISBN 979-11-6752-175-0 (03180)

이 도서의 국립중앙도서관 출판예정도서목록(CIP)은 서지정보유통지원시스템
홈페이지(http://seoji.nl.go.kr)와 국가자료종합목록시스템(http://www.nl.go.
kr/kolisnet)에서 이용하실 수 있습니다.